I0232658

POLONÊS
VOCABULÁRIO

PORTUGUÊS POLONÊS

Para alargar o seu léxico e apurar
as suas competências linguísticas

5000 palavras

Vocabulário Português Brasileiro-Polonês - 5000 palavras

Por Andrey Taranov

Os vocabulários da T&P Books destinam-se a ajudar a aprender, a memorizar, e a rever palavras estrangeiras. O dicionário é dividido em temas, cobrindo todas as principais esferas de atividades quotidianas, negócios, ciência, cultura, etc.

O processo de aprendizagem, utilizando os dicionários baseados em temáticas da T&P Books dá-lhe as seguintes vantagens:

- Informação de origem corretamente agrupada predetermina o sucesso em fases subsequentes da memorização de palavras
- Disponibilização de palavras derivadas da mesma raiz, o que permite a memorização de unidades de texto (em vez de palavras separadas)
- Pequenas unidades de palavras facilitam o processo de estabelecimento de vínculos associativos necessários para a consolidação do vocabulário
- O nível de conhecimento da língua pode ser estimado pelo número de palavras aprendidas

T&P Books Publishing
www.tpbooks.com

ISBN: 978-1-78767-384-7

Este livro também está disponível em formato E-book.
Por favor visite www.tpbooks.com ou as principais livrarias on-line.

VOCABULÁRIO POLONÊS
palavras mais úteis

Os vocabulários da T&P Books destinam-se a ajudar a aprender, a memorizar, e a rever palavras estrangeiras. O vocabulário contém mais de 5000 palavras de uso comum organizadas tematicamente.

O vocabulário contém as palavras mais comummente usadas
Recomendado como adicional para qualquer curso de línguas
Satisfaz as necessidades dos iniciados e dos alunos avançados de línguas estrangeiras
Conveniente para o uso diário, sessões de revisão e atividades de auto-teste
Permite avaliar o seu vocabulário

Características especias do vocabulário

- As palavras estão organizadas de acordo com o seu significado, e não por ordem alfabética
- As palavras são apresentadas em três colunas para facilitar os processos de revisão e auto-teste
- As palavras compostas são divididas em pequenos blocos para facilitar o processo de aprendizagem
- O vocabulário oferece uma transcrição simples e adequada de cada palavra estrangeira

O vocabulário contém 155 tópicos incluindo:

Conceitos básicos, Números, Cores, Meses, Estações do ano, Unidades de medida, Roupas & Acessórios, Alimentos & Nutrição, Restaurante, Membros da Família, Parentes, Caráter, Sentimentos, Emoções, Doenças, Cidade, Passeios, Compras, Dinheiro, Casa, Lar, Escritório, Trabalho no Escritório, Importação & Exportação, Marketing, Pesquisa de Emprego, Esportes, Educação, Computador, Internet, Ferramentas, Natureza, Países, Nacionalidades e muito mais ...

TABELA DE CONTEÚDOS

GUIA DE PRONUNCIAÇÃO

Letra	Exemplo Polonês	Alfabeto fonético T&P	Exemplo Português
A a	fala	[a]	chamar
Ą ą	są	[ɔ̃]	anaconda
E e	tekst	[ɛ]	mesquita
Ę ę	pięć	[ɛ̃]	centro
I i	niski	[i]	sinônimo
O o	strona	[ɔ]	emboço
Ó ó	ołów	[u]	bonita
U u	ulica	[u]	bonita
Y y	stalowy	[ɪ]	sinônimo

Consoantes

B b	brew	[b]	barril
C c	palec	[ts]	tsé-tsé
Ć ć	haftować	[tɕ]	Tchau!
D d	modny	[d]	dentista
F f	perfumy	[f]	safári
G g	zegarek	[g]	gosto
H h	handel	[h]	[h] aspirada
J j	jajko	[j]	Vietnã
K k	krab	[k]	aquilo
L l	mleko	[l]	libra
Ł ł	głodny	[w]	página web
M m	guma	[m]	magnólia
N n	Indie	[n]	natureza
Ń ń	jesień	[ɲ]	ninhada
P p	poczta	[p]	presente
R r	portret	[r]	riscar
S s	studnia	[s]	sanita
Ś ś	świat	[ɕ]	shiatsu
T t	taniec	[t]	sitiar
W w	wieczór	[v]	fava
Z z	zachód	[z]	sésamo
Ź ź	żaba	[ʑ]	tajique
Ż ż	żagiel	[ʒ]	talvez

Letra	Exemplo Polonês	Alfabeto fonético T&P	Exemplo Português

Combinações de letras

ch	ich, zachód	[h]	[h] suave
ci	kwiecień	[ʧ]	Tchim-tchim!
cz	czasami	[ʧ]	Tchau!
dz	dzbanek	[dz]	pizza
dzi	dziecko	[dʑ]	tajique
dź	dźwig	[dʑ]	tajique
dż	dżinsy	[j]	Vietnã
ni	niedziela	[ɲ]	ninhada
rz	orzech	[ʒ]	talvez
si	osiem	[ɕ]	shiatsu
sz	paszport	[ʃ]	mês
zi	zima	[ʑ]	tajique

Comentários

As letras Qq, Ww, Xx são usadas apenas em estrangeirismos

ABREVIATURAS
usadas no vocabulário

Abreviaturas do Português

adj	-	adjetivo
adv	-	advérbio
anim.	-	animado
conj.	-	conjunção
desp.	-	esporte
etc.	-	Etcetera
ex.	-	por exemplo
f	-	nome feminino
f pl	-	feminino plural
fem.	-	feminino
inanim.	-	inanimado
m	-	nome masculino
m pl	-	masculino plural
m, f	-	masculino, feminino
masc.	-	masculino
mat.	-	matemática
mil.	-	militar
pl	-	plural
prep.	-	preposição
pron.	-	pronome
sb.	-	sobre
sing.	-	singular
v aux	-	verbo auxiliar
vi	-	verbo intransitivo
vi, vt	-	verbo intransitivo, transitivo
vr	-	verbo reflexivo
vt	-	verbo transitivo

Abreviaturas do Polonês

ż	-	nome feminino
ż, l.mn.	-	feminino plural
l.mn.	-	plural
m	-	nome masculino
m, ż	-	masculino, feminino
m, l.mn.	-	masculino plural
n	-	neutro

CONCEITOS BÁSICOS

Conceitos básicos. Parte 1

1. Pronomes

eu	ja	[ja]
você	ty	[ti]
ele	on	[ɔn]
ela	ona	['ɔna]
ele, ela (neutro)	ono	['ɔnɔ]
nós	my	[mi]
vocês	wy	[vi]
eles, elas	one	['ɔnɛ]

2. Cumprimentos. Saudações. Despedidas

Oi!	Dzień dobry!	[dʑeɲ 'dɔbri]
Olá!	Dzień dobry!	[dʑeɲ 'dɔbri]
Bom dia!	Dzień dobry!	[dʑeɲ 'dɔbri]
Boa tarde!	Dzień dobry!	[dʑeɲ 'dɔbri]
Boa noite!	Dobry wieczór!	[dɔbri 'vetʃur]
cumprimentar (vt)	witać się	['vitatʃ ɕɛ̃]
Oi!	Cześć!	[tʃɛctʃ]
saudação (f)	pozdrowienia (l.mn.)	[pozdrɔ'veɲa]
saudar (vt)	witać	['vitatʃ]
Tudo bem?	Jak się masz?	[jak ɕɛ̃ maʃ]
E aí, novidades?	Co nowego?	[tsɔ nɔ'vɛgɔ]
Tchau! Até logo!	Do widzenia!	[dɔ vi'dzɛɲa]
Até breve!	Do zobaczenia!	[dɔ zɔbat'ʃɛɲa]
Adeus! (sing.)	Żegnaj!	['ʒɛgnaj]
Adeus! (pl)	Żegnam!	['ʒɛgnam]
despedir-se (dizer adeus)	żegnać się	['ʒɛgnatʃ ɕɛ̃]
Até mais!	Na razie!	[na 'raʒe]
Obrigado! -a!	Dziękuję!	[dʑɛ̃'kue]
Muito obrigado! -a!	Bardzo dziękuję!	[bardzɔ dʑɛ̃'kuɛ̃]
De nada	Proszę	['prɔʃɛ̃]
Não tem de quê	To drobiazg	[tɔ 'drɔbiazk]
Não foi nada!	Nie ma za co	['ne ma 'za tsɔ]
Desculpa! -pe!	Przepraszam!	[pʃɛp'raʃam]
desculpar (vt)	wybaczać	[vi'batʃatʃ]

desculpar-se (vr)	przepraszać	[pʃɛp'raʃatʃ]
Me desculpe	Przepraszam!	[pʃɛp'raʃam]
Desculpe!	Przepraszam!	[pʃɛp'raʃam]
perdoar (vt)	wybaczać	[vi'batʃatʃ]
por favor	proszę	['prɔʃɛ̃]

Não se esqueça!	Nie zapomnijcie!	[ne zapɔm'nijtʃe]
Com certeza!	Oczywiście!	[ɔtʃi'viɕtʃe]
Claro que não!	Oczywiście, że nie!	[ɔtʃiviɕtʃe ʒɛ 'ne]
Está bem! De acordo!	Zgoda!	['zgɔda]
Chega!	Dosyć!	['dɔsitʃ]

3. Como se dirigir a alguém

senhor	Proszę pana	['prɔʃɛ̃ 'pana]
senhora	Proszę pani	['prɔʃɛ̃ 'pani]
senhorita	Proszę pani	['prɔʃɛ̃ 'pani]
jovem	Proszę pana	['prɔʃɛ̃ 'pana]
menino	Chłopczyku	[hwɔpt'ʃiku]
menina	Dziewczynko	[dʒevt'ʃiŋkɔ]

4. Números cardinais. Parte 1

zero	zero	['zɛrɔ]
um	jeden	['edɛn]
dois	dwa	[dva]
três	trzy	[tʃi]
quatro	cztery	['tʃtɛri]

cinco	pięć	[pɛ̃tʃ]
seis	sześć	[ʃɛɕtʃ]
sete	siedem	['ɕedɛm]
oito	osiem	['ɔɕem]
nove	dziewięć	['dʒevɛ̃tʃ]

dez	dziesięć	['dʒeɕɛ̃tʃ]
onze	jedenaście	[edɛ'naɕtʃe]
doze	dwanaście	[dva'naɕtʃe]
treze	trzynaście	[tʃi'naɕtʃe]
catorze	czternaście	[tʃtɛr'naɕtʃe]

quinze	piętnaście	[pɛ̃t'naɕtʃe]
dezesseis	szesnaście	[ʃɛs'naɕtʃe]
dezessete	siedemnaście	[ɕedɛm'naɕtʃe]
dezoito	osiemnaście	[ɔɕem'naɕtʃe]
dezenove	dziewiętnaście	[dʒevɛ̃t'naɕtʃe]

vinte	dwadzieścia	[dva'dʒeɕtʃa]
vinte e um	dwadzieścia jeden	[dva'dʒeɕtʃa 'edɛn]
vinte e dois	dwadzieścia dwa	[dva'dʒeɕtʃa dva]
vinte e três	dwadzieścia trzy	[dva'dʒeɕtʃa tʃi]
trinta	trzydzieści	[tʃi'dʒeɕtʃi]

trinta e um	trzydzieści jeden	[ʧi'ʤɛʨʃi 'edɛn]
trinta e dois	trzydzieści dwa	[ʧi'ʤɛʨʃi dva]
trinta e três	trzydzieści trzy	[ʧi'ʤɛʨʃi ʧi]

quarenta	czterdzieści	[ʧtɛr'ʤɛʨʃi]
quarenta e um	czterdzieści jeden	[ʧtɛr'ʤɛʨʃi 'edɛn]
quarenta e dois	czterdzieści dwa	[ʧtɛr'ʤɛʨʃi dva]
quarenta e três	czterdzieści trzy	[ʧtɛr'ʤɛʨʃi ʧi]

cinquenta	pięćdziesiąt	[pɛ̃'ʤɛʨɔ̃t]
cinquenta e um	pięćdziesiąt jeden	[pɛ̃'ʤɛʨɔ̃t 'edɛn]
cinquenta e dois	pięćdziesiąt dwa	[pɛ̃'ʤɛʨɔ̃t dva]
cinquenta e três	pięćdziesiąt trzy	[pɛ̃'ʤɛʨɔ̃t ʧi]

sessenta	sześćdziesiąt	[ʃɛʨ'ʤɛʨɔ̃t]
sessenta e um	sześćdziesiąt jeden	[ʃɛʨ'ʤɛʨɔ̃t 'edɛn]
sessenta e dois	sześćdziesiąt dwa	[ʃɛʨ'ʤɛʨɔ̃t dva]
sessenta e três	sześćdziesiąt trzy	[ʃɛʨ'ʤɛʨɔ̃t ʧi]

setenta	siedemdziesiąt	[ɕedɛm'ʤɛʨɔ̃t]
setenta e um	siedemdziesiąt jeden	[ɕedɛm'ʤɛʨɔ̃t 'edɛn]
setenta e dois	siedemdziesiąt dwa	[ɕedɛm'ʤɛʨɔ̃t dva]
setenta e três	siedemdziesiąt trzy	[ɕedɛm'ʤɛʨɔ̃t ʧi]

oitenta	osiemdziesiąt	[ɔɕem'ʤɛʨɔ̃t]
oitenta e um	osiemdziesiąt jeden	[ɔɕem'ʤɛʨɔ̃t 'edɛn]
oitenta e dois	osiemdziesiąt dwa	[ɔɕem'ʤɛʨɔ̃t dva]
oitenta e três	osiemdziesiąt trzy	[ɔɕem'ʤɛʨɔ̃t ʧi]

noventa	dziewięćdziesiąt	[ʤevɛ̃'ʤɛʨɔ̃t]
noventa e um	dziewięćdziesiąt jeden	[ʤevɛ̃'ʤɛʨɔ̃t edɛn]
noventa e dois	dziewięćdziesiąt dwa	[ʤevɛ̃'ʤɛʨɔ̃t dva]
noventa e três	dziewięćdziesiąt trzy	[ʤevɛ̃'ʤɛʨɔ̃t ʧi]

5. Números cardinais. Parte 2

cem	sto	[stɔ]
duzentos	dwieście	['dvɛʨʧe]
trezentos	trzysta	['ʧista]
quatrocentos	czterysta	['ʧtɛrista]
quinhentos	pięćset	['pɛ̃ʧsɛt]

seiscentos	sześćset	['ʃɛʨʧsɛt]
setecentos	siedemset	['ɕedɛmsɛt]
oitocentos	osiemset	[ɔ'ɕemsɛt]
novecentos	dziewięćset	['ʤevɛ̃ʧsɛt]

mil	tysiąc	['tiɕɔ̃ts]
dois mil	dwa tysiące	[dva tiɕɔ̃tsɛ]
três mil	trzy tysiące	[ʧi tiɕɔ̃tsɛ]
dez mil	dziesięć tysięcy	['ʤɛɕɛ̃ʧ ti'ɕentsi]
cem mil	sto tysięcy	[stɔ ti'ɕentsi]
um milhão	milion	['miʎjɔn]
um bilhão	miliard	['miʎjart]

6. Números ordinais

primeiro (adj)	pierwszy	['perʃʃi]
segundo (adj)	drugi	['drugi]
terceiro (adj)	trzeci	['ʧɛʧi]
quarto (adj)	czwarty	['ʧfarti]
quinto (adj)	piąty	[põti]
sexto (adj)	szósty	['ʃusti]
sétimo (adj)	siódmy	['ɕudmi]
oitavo (adj)	ósmy	['usmi]
nono (adj)	dziewiąty	[dʒevõti]
décimo (adj)	dziesiąty	[dʒeɕõti]

7. Números. Frações

fração (f)	ułamek (m)	[u'wamɛk]
um meio	jedna druga	['edna 'druga]
um terço	jedna trzecia	['edna 'ʧɛʧia]
um quarto	jedna czwarta	['edna 'ʧfarta]
um oitavo	jedna ósma	['edna 'usma]
um décimo	jedna dziesiąta	['edna dʒeɕõta]
dois terços	dwie trzecie	[dve 'ʧɛʧe]
três quartos	trzy czwarte	[ʧi 'ʧfarte]

8. Números. Operações básicas

subtração (f)	odejmowanie (n)	[ɔdɛjmɔ'vane]
subtrair (vi, vt)	odejmować	[ɔdɛj'mɔvaʧ]
divisão (f)	dzielenie (n)	[dʒe'lene]
dividir (vt)	dzielić	['dʒeliʧ]
adição (f)	dodawanie (n)	[dɔda'vane]
somar (vt)	dodać	['dɔdaʧ]
adicionar (vt)	dodawać	[dɔ'davaʧ]
multiplicação (f)	mnożenie (n)	[mnɔ'ʒene]
multiplicar (vt)	mnożyć	['mnɔʒɨʧ]

9. Números. Diversos

algarismo, dígito (m)	cyfra (ż)	['ʦɨfra]
número (m)	liczba (ż)	['liʧba]
numeral (m)	liczebnik (m)	[lit'ʃɛbnik]
menos (m)	minus (m)	['minus]
mais (m)	plus (m)	[plys]
fórmula (f)	wzór (m)	[vzur]
cálculo (m)	obliczenie (n)	[ɔbli'ʧane]
contar (vt)	liczyć	['liʧɨʧ]

calcular (vt)	podliczać	[pɔd'litʃatʃ]
comparar (vt)	porównywać	[pɔruv'nivatʃ]

Quanto, -os, -as?	Ile?	['ile]
soma (f)	suma (ż)	['suma]
resultado (m)	wynik (m)	['vinik]
resto (m)	reszta (ż)	['rɛʃta]

alguns, algumas ...	kilka	['kiʎka]
pouco (~ tempo)	niedużo ...	[ne'duʒɔ]
resto (m)	reszta (ż)	['rɛʃta]
um e meio	półtora	[puw'tɔra]
dúzia (f)	tuzin (m)	['tuʒin]

ao meio	na pół	[na puw]
em partes iguais	po równo	[pɔ 'ruvnɔ]
metade (f)	połowa (ż)	[pɔ'wɔva]
vez (f)	raz (m)	[raz]

10. Os verbos mais importantes. Parte 1

abrir (vt)	otwierać	[ɔt'feratʃ]
acabar, terminar (vt)	kończyć	['kɔɲtʃitʃ]
aconselhar (vt)	radzić	['radʑitʃ]
adivinhar (vt)	odgadnąć	[ɔd'gadnɔ̃tʃ]
advertir (vt)	ostrzegać	[ɔst'ʃɛgatʃ]

ajudar (vt)	pomagać	[pɔ'magatʃ]
almoçar (vi)	jeść obiad	[ectʃ 'ɔbʲat]
alugar (~ um apartamento)	wynajmować	[vinaj'mɔvatʃ]
amar (pessoa)	kochać	['kɔhatʃ]
ameaçar (vt)	grozić	['grɔʑitʃ]

anotar (escrever)	zapisywać	[zapi'sivatʃ]
apressar-se (vr)	śpieszyć się	['ɕpeʃitʃ ɕɛ̃]
arrepender-se (vr)	żałować	[ʒa'wɔvatʃ]
assinar (vt)	podpisywać	[pɔtpi'sivatʃ]
brincar (vi)	żartować	[ʒar'tɔvatʃ]

brincar, jogar (vi, vt)	grać	[gratʃ]
buscar (vt)	szukać	['ʃukatʃ]
caçar (vi)	polować	[pɔ'lɔvatʃ]
cair (vi)	spadać	['spadatʃ]
cavar (vt)	kopać	['kɔpatʃ]
chamar (~ por socorro)	wołać	['vɔwatʃ]

chegar (vi)	przyjeżdżać	[pʃi'eʒdʒatʃ]
chorar (vi)	płakać	['pwakatʃ]
começar (vt)	rozpoczynać	[rɔspɔt'ʃinatʃ]
comparar (vt)	porównywać	[pɔruv'nivatʃ]
concordar (dizer "sim")	zgadzać się	['zgadzatʃ ɕɛ̃]

confiar (vt)	ufać	['ufatʃ]
confundir (equivocar-se)	mylić	['militʃ]

conhecer (vt)	znać	['znatʃ]
contar (fazer contas)	liczyć	['liʧiʧ]
contar com …	liczyć na …	['liʧiʧ na]
continuar (vt)	kontynuować	[kɔntinu'ɔvatʃ]

controlar (vt)	kontrolować	[kɔntrɔ'lɜvatʃ]
convidar (vt)	zapraszać	[zap'raʃatʃ]
correr (vi)	biec	[beʦ]
criar (vt)	stworzyć	['stfɔʒiʧ]
custar (vt)	kosztować	[kɔʃ'tɔvatʃ]

11. Os verbos mais importantes. Parte 2

dar (vt)	dawać	['davatʃ]
dar uma dica	czynić aluzje	['ʧiniʧ a'lyzʰe]
decorar (enfeitar)	ozdabiać	[ɔz'dabʲatʃ]
defender (vt)	bronić	['brɔniʧ]
deixar cair (vt)	upuszczać	[u'puʃʧatʃ]

descer (para baixo)	schodzić	['shɔdʒiʧ]
desculpar-se (vr)	przepraszać	[pʃɛp'raʃatʃ]
dirigir (~ uma empresa)	kierować	[ke'rovatʃ]
discutir (notícias, etc.)	omawiać	[ɔ'mavʲatʃ]

disparar, atirar (vi)	strzelać	['stʃɛʎatʃ]
dizer (vt)	powiedzieć	[pɔ'vedʒetʃ]
duvidar (vt)	wątpić	['võtpiʧ]
encontrar (achar)	znajdować	[znaj'dɔvatʃ]
enganar (vt)	oszukiwać	[ɔʃu'kivatʃ]

entender (vt)	rozumieć	[rɔ'zumetʃ]
entrar (na sala, etc.)	wchodzić	['fhɔdʒiʧ]
enviar (uma carta)	wysyłać	[vi'siwatʃ]
errar (enganar-se)	mylić się	['miliʧ ɕɛ̃]
escolher (vt)	wybierać	[vi'beratʃ]

esconder (vt)	chować	['hɔvatʃ]
escrever (vt)	pisać	['pisatʃ]
esperar (aguardar)	czekać	['ʧɛkatʃ]
esperar (ter esperança)	mieć nadzieję	[metʃ na'dʒeɛ̃]
esquecer (vt)	zapominać	[zapɔ'minatʃ]

estudar (vt)	studiować	[studʰɜvatʃ]
exigir (vt)	zażądać	[za'ʒõdatʃ]
existir (vi)	istnieć	['istnetʃ]
explicar (vt)	objaśniać	[ɔbʰʲjaɕɲatʃ]

falar (vi)	rozmawiać	[rɔz'mavʲatʃ]
faltar (a la escuela, etc.)	opuszczać	[ɔ'puʃʧatʃ]
fazer (vt)	robić	['rɔbiʧ]
ficar em silêncio	milczeć	['miʎʧɛtʃ]
gabar-se (vr)	chwalić się	['hfaliʧ ɕɛ̃]
gostar (apreciar)	podobać się	[pɔ'dɔbatʃ ɕɛ̃]
gritar (vi)	krzyczeć	['kʃiʧɛtʃ]

guardar (fotos, etc.)	zachowywać	[zaxɔ'vivatʃ]
informar (vt)	informować	[infɔr'mɔvatʃ]
insistir (vi)	nalegać	[na'legatʃ]

insultar (vt)	znieważać	[zne'vaʒatʃ]
interessar-se (vr)	interesować się	[intɛrɛ'sɔvatʃ ɕɛ̃]
ir (a pé)	iść	[iɕtʃ]
ir nadar	kąpać się	['kɔ̃patʃ ɕɛ̃]
jantar (vi)	jeść kolację	[eɕtʃ kɔ'ʎatsʰɛ̃]

12. Os verbos mais importantes. Parte 3

ler (vt)	czytać	['tʃitatʃ]
libertar, liberar (vt)	wyzwalać	[viz'vaʎatʃ]
matar (vt)	zabijać	[za'bijatʃ]
mencionar (vt)	wspominać	[fspɔ'minatʃ]
mostrar (vt)	pokazywać	[pɔka'zivatʃ]

mudar (modificar)	zmienić	['zmenitʃ]
nadar (vi)	pływać	['pwivatʃ]
negar-se a … (vr)	odmawiać	[ɔd'maviatʃ]
objetar (vt)	sprzeciwiać się	[spʃɛ'tʃiviatʃ ɕɛ̃]

observar (vt)	obserwować	[ɔbsɛr'vɔvatʃ]
ordenar (mil.)	rozkazywać	[rɔska'zivatʃ]
ouvir (vt)	słyszeć	['swiʃɛtʃ]
pagar (vt)	płacić	['pwatʃitʃ]
parar (vi)	zatrzymywać się	[zatʃi'mivatʃ ɕɛ̃]

parar, cessar (vt)	przestawać	[pʃɛs'tavatʃ]
participar (vi)	uczestniczyć	[utʃɛst'nitʃitʃ]
pedir (comida, etc.)	zamawiać	[za'maviatʃ]
pedir (um favor, etc.)	prosić	['prɔɕitʃ]
pegar (tomar)	brać	[bratʃ]

pegar (uma bola)	łowić	['wɔvitʃ]
pensar (vi, vt)	myśleć	['miɕletʃ]
perceber (ver)	zauważać	[zau'vaʒatʃ]
perdoar (vt)	przebaczać	[pʃɛ'batʃatʃ]
perguntar (vt)	pytać	['pitatʃ]

permitir (vt)	zezwalać	[zɛz'vaʎatʃ]
pertencer a … (vi)	należeć	[na'leʒɛtʃ]
planejar (vt)	planować	[pʎa'nɔvatʃ]
poder (~ fazer algo)	móc	[muts]
possuir (uma casa, etc.)	posiadać	[pɔ'ɕadatʃ]

preferir (vt)	woleć	['vɔletʃ]
preparar (vt)	gotować	[gɔ'tɔvatʃ]
prever (vt)	przewidzieć	[pʃɛ'vidʒetʃ]
prometer (vt)	obiecać	[ɔ'betsatʃ]
pronunciar (vt)	wymawiać	[vi'maviatʃ]
propor (vt)	proponować	[prɔpɔ'nɔvatʃ]
punir (castigar)	karać	['karatʃ]

quebrar (vt)	psuć	[psutʃ]
queixar-se de ...	skarżyć się	['skarʒitʃ ɕɛ̃]
querer (desejar)	chcieć	[htʃetʃ]

13. Os verbos mais importantes. Parte 4

ralhar, repreender (vt)	besztać	['bɛʃtatʃ]
recomendar (vt)	polecać	[pɔ'letsatʃ]
repetir (dizer outra vez)	powtarzać	[pɔf'taʒatʃ]
reservar (~ um quarto)	rezerwować	[rɛzɛr'vɔvatʃ]
responder (vt)	odpowiadać	[ɔtpɔ'vʲadatʃ]

rezar, orar (vi)	modlić się	['mɔdlitʃ ɕɛ̃]
rir (vi)	śmiać się	['ɕmʲatʃ ɕɛ̃]
roubar (vt)	kraść	[kraɕtʃ]
saber (vt)	wiedzieć	['vedʑetʃ]
sair (~ de casa)	wychodzić	[vi'hɔdʑitʃ]

salvar (resgatar)	ratować	[ra'tɔvatʃ]
seguir (~ alguém)	podążać	[pɔ'dɔ̃ʒatʃ]
sentar-se (vr)	siadać	['ɕadatʃ]
ser necessário	być potrzebnym	[bitʃ pɔt'ʃɛbnim]

ser, estar	być	[bitʃ]
significar (vt)	znaczyć	['znatʃitʃ]
sorrir (vi)	uśmiechać się	[uɕ'mehatʃ ɕɛ̃]
subestimar (vt)	nie doceniać	[nedɔ'tsɛɲatʃ]
surpreender-se (vr)	dziwić się	['dʑivitʃ ɕɛ̃]

tentar (~ fazer)	próbować	[pru'bɔvatʃ]
ter (vt)	mieć	[metʃ]
ter fome	chcieć jeść	[htʃetʃ eɕtʃ]

ter medo	bać się	[batʃ ɕɛ̃]
ter sede	chcieć pić	[htʃetʃ pitʃ]
tocar (com as mãos)	dotykać	[dɔ'tikatʃ]
tomar café da manhã	jeść śniadanie	[eɕtʃ ɕɲa'dane]
trabalhar (vi)	pracować	[pra'tsɔvatʃ]
traduzir (vt)	tłumaczyć	[twu'matʃitʃ]

unir (vt)	łączyć	['wɔ̃tʃitʃ]
vender (vt)	sprzedawać	[spʃɛ'davatʃ]
ver (vt)	widzieć	['vidʑetʃ]
virar (~ para a direita)	skręcać	['skrɛntsatʃ]
voar (vi)	lecieć	['letʃetʃ]

14. Cores

cor (f)	kolor (m)	['kɔlɜr]
tom (m)	odcień (m)	['ɔtʃeɲ]
tonalidade (m)	ton (m)	[tɔn]
arco-íris (m)	tęcza (ż)	['tɛntʃa]

branco (adj)	biały	['bʲawi]
preto (adj)	czarny	['tʃarni]
cinza (adj)	szary	['ʃari]

verde (adj)	zielony	[ʒe'lɔni]
amarelo (adj)	żółty	['ʒuwti]
vermelho (adj)	czerwony	[tʃɛr'vɔni]

azul (adj)	ciemny niebieski	['tʃɛmni ne'beski]
azul claro (adj)	niebieski	[ne'beski]
rosa (adj)	różowy	[ru'ʒɔvi]
laranja (adj)	pomarańczowy	[pɔmaraɲt'ʃɔvi]
violeta (adj)	fioletowy	[fʲɔle'tɔvi]
marrom (adj)	brązowy	[brɔ̃'zɔvi]

| dourado (adj) | złoty | ['zwɔti] |
| prateado (adj) | srebrzysty | [srɛb'ʒisti] |

bege (adj)	beżowy	[bɛ'ʒɔvi]
creme (adj)	kremowy	[krɛ'mɔvi]
turquesa (adj)	turkusowy	[turku'sɔvi]
vermelho cereja (adj)	wiśniowy	[viɕ'nɔvi]
lilás (adj)	liliowy	[li'ʎjɔvi]
carmim (adj)	malinowy	[mali'nɔvi]

claro (adj)	jasny	['jasni]
escuro (adj)	ciemny	['tʃemni]
vivo (adj)	jasny	['jasni]

de cor	kolorowy	[kɔlɔ'rɔvi]
a cores	kolorowy	[kɔlɔ'rɔvi]
preto e branco (adj)	czarno-biały	['tʃarnɔ 'bʲawi]
unicolor (de uma só cor)	jednokolorowy	['ednɔkɔlɔ'rɔvi]
multicolor (adj)	różnokolorowy	['ruʒnɔkɔlɔ'rɔvi]

15. Questões

Quem?	Kto?	[ktɔ]
O que?	Co?	[tsɔ]
Onde?	Gdzie?	[gdʒe]
Para onde?	Dokąd?	['dɔkɔ̃t]
De onde?	Skąd?	[skɔ̃t]
Quando?	Kiedy?	['kedi]
Para quê?	Dlaczego?	[dʎat'ʃɛgɔ]
Por quê?	Czemu?	['tʃemu]

Para quê?	Do czego?	[dɔ 'tʃɛgɔ]
Como?	Jak?	[jak]
Qual (~ é o problema?)	Jaki?	['jaki]
Qual (~ deles?)	Który?	['kturi]

De quem?	O kim?	['ɔ kim]
Do quê?	O czym?	['ɔ tʃim]
Com quem?	Z kim?	[s kim]

| Quanto, -os, -as? | lle? | ['ile] |
| De quem? (masc.) | Czyj? | [ʧij] |

16. Preposições

com (prep.)	z	[z]
sem (prep.)	bez	[bɛz]
a, para (exprime lugar)	do	[dɔ]
sobre (ex. falar ~)	o	[ɔ]
antes de ...	przed	[pʃɛt]
em frente de ...	przed	[pʃɛt]

debaixo de ...	pod	[pɔt]
sobre (em cima de)	nad	[nat]
em ..., sobre ...	na	[na]
de, do (sou ~ Rio de Janeiro)	z ..., ze ...	[z], [zɛ]
de (feito ~ pedra)	z ..., ze ...	[z], [zɛ]

| em (~ 3 dias) | za | [za] |
| por cima de ... | przez | [pʃɛs] |

17. Palavras funcionais. Advérbios. Parte 1

Onde?	Gdzie?	[gdʒe]
aqui	tu	[tu]
lá, ali	tam	[tam]

| em algum lugar | gdzieś | [gdʒeɕ] |
| em lugar nenhum | nigdzie | ['nigdʒe] |

| perto de ... | koło, przy | ['kɔwɔ], [pʃi] |
| perto da janela | przy oknie | [pʃi 'ɔkne] |

Para onde?	Dokąd?	['dɔkõt]
aqui	tutaj	['tutaj]
para lá	tam	[tam]
daqui	stąd	[stõt]
de lá, dali	stamtąd	['stamtõt]

| perto | blisko | ['bliskɔ] |
| longe | daleko | [da'lɛkɔ] |

perto de ...	koło	['kɔwɔ]
à mão, perto	obok	['ɔbɔk]
não fica longe	niedaleko	[neda'lekɔ]

esquerdo (adj)	lewy	['levɨ]
à esquerda	z lewej	[z 'levɛj]
para a esquerda	w lewo	[v 'levɔ]

| direito (adj) | prawy | ['pravɨ] |
| à direita | z prawej | [s 'pravɛj] |

para a direita	w prawo	[f 'pravɔ]
em frente	z przodu	[s 'pʃɔdu]
da frente	przedni	['pʃɛdni]
adiante (para a frente)	naprzód	['napʃut]
atrás de …	z tyłu	[s 'tiwu]
de trás	od tyłu	[ɔt 'tiwu]
para trás	do tyłu	[dɔ 'tiwu]
meio (m), metade (f)	środek (m)	['ɕrɔdɛk]
no meio	w środku	[f 'ɕrɔdku]
do lado	z boku	[z 'bɔku]
em todo lugar	wszędzie	['fʃɛdʑe]
por todos os lados	dookoła	[dɔ:'kɔwa]
de dentro	z wewnątrz	[z 'vɛvnɔ̃tʃ]
para algum lugar	dokądś	['dɔkɔ̃tɕ]
diretamente	na wprost	['na fprɔst]
de volta	z powrotem	[s pɔv'rɔtɛm]
de algum lugar	skądkolwiek	[skɔ̃t'kɔʎvek]
de algum lugar	skądś	[skɔ̃tɕ]
em primeiro lugar	po pierwsze	[pɔ 'perfʃɛ]
em segundo lugar	po drugie	[pɔ 'druge]
em terceiro lugar	po trzecie	[pɔ 'tʃɛtʃe]
de repente	nagle	['nagle]
no início	na początku	[na pɔt'ʃɔ̃tku]
pela primeira vez	po raz pierwszy	[pɔ ras 'perfʃi]
muito antes de …	na długo przed …	[na 'dwugɔ pʃɛt]
de novo	od nowa	[ɔd 'nɔva]
para sempre	na zawsze	[na 'zafʃɛ]
nunca	nigdy	['nigdi]
de novo	znowu	['znɔvu]
agora	teraz	['tɛras]
frequentemente	często	['tʃɛnstɔ]
então	wtedy	['ftɛdi]
urgentemente	pilnie	['piʎne]
normalmente	zwykle	['zvikle]
a propósito, …	a propos	[a prɔ'pɔ]
é possível	może, możliwe	['mɔʒɛ], [mɔʒ'live]
provavelmente	prawdopodobnie	[pravdɔpɔ'dɔbne]
talvez	być może	[bitʃ 'mɔʒɛ]
além disso, …	poza tym	[pɔ'za tim]
por isso …	dlatego	[dʎa'tɛgɔ]
apesar de …	mimo że …	['mimɔ ʒɛ]
graças a …	dzięki	['dʒɛ̃ki]
que (pron.)	co	[tsɔ]
que (conj.)	że	[ʒɛ]
algo	coś	[tsɔɕ]
alguma coisa	cokolwiek	[tsɔ'kɔʎvek]

nada	nic	[nits]
quem	kto	[ktɔ]
alguém (~ que ...)	ktoś	[ktɔɕ]
alguém (com ~)	ktokolwiek	[ktɔ'kɔʎvek]

ninguém	nikt	[nikt]
para lugar nenhum	nigdzie	['nigdʑe]
de ninguém	niczyj	['nitʃij]
de alguém	czyjkolwiek	[tʃij'kɔʎvek]

tão	tak	[tak]
também (gostaria ~ de ...)	także	['tagʒɛ]
também (~ eu)	też	[tɛʃ]

18. Palavras funcionais. Advérbios. Parte 2

Por quê?	Dlaczego?	[dʎat'ʃɛgɔ]
por alguma razão	z jakiegoś powodu	[z ja'kegɔɕ pɔ'vɔdu]
porque ...	dlatego, że ...	[dla'tɛgɔ], [ʒɛ]
por qualquer razão	po coś	['pɔ tsɔɕ]

e (tu ~ eu)	i	[i]
ou (ser ~ não ser)	albo	['aʎbɔ]
mas (porém)	ale	['ale]
para (~ a minha mãe)	dla	[dʎa]

muito, demais	zbyt	[zbit]
só, somente	tylko	['tiʎkɔ]
exatamente	dokładnie	[dɔk'wadne]
cerca de (~ 10 kg)	około	[ɔ'kɔwɔ]

aproximadamente	w przybliżeniu	[f pʃibli'ʒɛny]
aproximado (adj)	przybliżony	[pʃibli'ʒɔni]
quase	prawie	[prave]
resto (m)	reszta (ż)	['rɛʃta]

cada (adj)	każdy	['kaʒdi]
qualquer (adj)	jakikolwiek	[jaki'kɔʎvjek]
muito, muitos, muitas	dużo	['duʒɔ]
muitas pessoas	wiele	['vele]
todos	wszystkie	['fʃistke]

em troca de ...	w zamian za ...	[v 'zamʲan za]
em troca	zamiast	['zamʲast]
à mão	ręcznie	['rɛntʃne]
pouco provável	ledwo, prawie	['ledvɔ], ['pravje]

provavelmente	prawdopodobnie	[pravdɔpɔ'dɔbne]
de propósito	celowo	[tsɛ'lɔvɔ]
por acidente	przypadkiem	[pʃi'patkem]

muito	bardzo	['bardzɔ]
por exemplo	na przykład	[na 'pʃikwat]
entre	między	['mendʑi]

entre (no meio de)	**wśród**	[fɕrut]
tanto	**aż tyle**	[aʒ 'tile]
especialmente	**szczególnie**	[ʃʧɛ'guʎne]

Conceitos básicos. Parte 2

19. Dias da semana

segunda-feira (f)	poniedziałek (m)	[pɔne'dʒiawɛk]
terça-feira (f)	wtorek (m)	['ftɔrɛk]
quarta-feira (f)	środa (ż)	['ɕrɔda]
quinta-feira (f)	czwartek (m)	['ʧfartɛk]
sexta-feira (f)	piątek (m)	[põtɛk]
sábado (m)	sobota (ż)	[sɔ'bɔta]
domingo (m)	niedziela (ż)	[ne'dʒeʎa]

hoje	dzisiaj	['dʒiɕaj]
amanhã	jutro	['jutrɔ]
depois de amanhã	pojutrze	[pɔ'jutʃɛ]
ontem	wczoraj	['fʧɔraj]
anteontem	przedwczoraj	[pʃɛtft'ʃɔraj]

dia (m)	dzień (m)	[dʒeɲ]
dia (m) de trabalho	dzień (m) roboczy	[dʒeɲ rɔ'bɔʧi]
feriado (m)	dzień (m) świąteczny	[dʒeɲ ɕfõ'tɛʧni]
dia (m) de folga	dzień (m) wolny	[dʒeɲ 'vɔʎni]
fim (m) de semana	weekend (m)	[u'ikɛnt]

o dia todo	cały dzień	['tsawɨ dʒeɲ]
no dia seguinte	następnego dnia	[nastɛp'nɛgɔ dɲa]
há dois dias	dwa dni temu	[dva dni 'tɛmu]
na véspera	w przeddzień	[f 'pʃɛddʒeɲ]
diário (adj)	codzienny	[tsɔ'dʒeɲi]
todos os dias	codziennie	[tsɔ'dʒeɲe]

semana (f)	tydzień (m)	['tidʒeɲ]
na semana passada	w zeszłym tygodniu	[v 'zɛʃwim ti'gɔdny]
semana que vem	w następnym tygodniu	[v nas'tɛpnim ti'gɔdny]
semanal (adj)	tygodniowy	[tigɔd'nɔvi]
toda semana	co tydzień	[tsɔ ti'dʒeɲ]
duas vezes por semana	dwa razy w tygodniu	[dva 'razɨ v ti'gɔdny]
toda terça-feira	co wtorek	[tsɔ 'ftɔrek]

20. Horas. Dia e noite

manhã (f)	ranek (m)	['ranɛk]
de manhã	rano	['ranɔ]
meio-dia (m)	południe (n)	[pɔ'wudne]
à tarde	po południu	[pɔ pɔ'wudny]

tardinha (f)	wieczór (m)	['veʧur]
à tardinha	wieczorem	[vet'ʃɔrɛm]

noite (f)	noc (ż)	[nɔts]
à noite	w nocy	[v 'nɔtsi]
meia-noite (f)	północ (ż)	['puwnɔts]

segundo (m)	sekunda (ż)	[sɛ'kunda]
minuto (m)	minuta (ż)	[mi'nuta]
hora (f)	godzina (ż)	[gɔ'dʑina]
meia hora (f)	pół godziny	[puw gɔ'dʑini]
quarto (m) de hora	kwadrans (m)	['kfadrans]
quinze minutos	piętnaście minut	[pɛ̃t'naɕtɕe 'minut]
vinte e quatro horas	doba (ż)	['dɔba]

nascer (m) do sol	wschód (m) słońca	[fshut 'swɔɲtsa]
amanhecer (m)	świt (m)	[ɕfit]
madrugada (f)	wczesny ranek (m)	['ftʃɛsnɨ 'ranɛk]
pôr-do-sol (m)	zachód (m)	['zahut]

de madrugada	wcześnie rano	['ftʃɛɕne 'ranɔ]
esta manhã	dzisiaj rano	['dʑiɕaj 'ranɔ]
amanhã de manhã	jutro rano	['jutrɔ 'ranɔ]

esta tarde	dzisiaj w dzień	['dʑiɕaj v dʑeɲ]
à tarde	po południu	[pɔ pɔ'wudny]
amanhã à tarde	jutro popołudniu	[jutrɔ pɔpɔ'wudny]

esta noite, hoje à noite	dzisiaj wieczorem	[dʑiɕaj vet'ʃɔrɛm]
amanhã à noite	jutro wieczorem	['jutrɔ vet'ʃɔrɛm]

às três horas em ponto	równo o trzeciej	['ruvnɔ ɔ 'tʃɛtʃej]
por volta das quatro	około czwartej	[ɔ'kɔwɔ 'tʃfartɛj]
às doze	na dwunastą	[na dvu'nastɔ̃]

em vinte minutos	za dwadzieścia minut	[za dva'dʑeɕtʃa 'minut]
em uma hora	za godzinę	[za gɔ'dʑinɛ̃]
a tempo	na czas	[na tʃas]

... um quarto para	za kwadrans	[za 'kfadrans]
dentro de uma hora	w ciągu godziny	[f tʃɔ̃gu gɔ'dʑini]
a cada quinze minutos	co piętnaście minut	[tsɔ pɛ̃t'naɕtɕe 'minut]
as vinte e quatro horas	całą dobę	['tsawɔ̃ 'dɔbɛ̃]

21. Meses. Estações

janeiro (m)	styczeń (m)	['stitʃɛɲ]
fevereiro (m)	luty (m)	['lyti]
março (m)	marzec (m)	['maʒɛts]
abril (m)	kwiecień (m)	['kfetʃeɲ]
maio (m)	maj (m)	[maj]
junho (m)	czerwiec (m)	['tʃɛrvets]

julho (m)	lipiec (m)	['lipets]
agosto (m)	sierpień (m)	['ɕerpeɲ]
setembro (m)	wrzesień (m)	['vʒeɕeɲ]
outubro (m)	październik (m)	[paz'ʲdʑernik]

novembro (m)	listopad (m)	[lis'tɔpat]
dezembro (m)	grudzień (m)	['grudʒeɲ]
primavera (f)	wiosna (ż)	['vɜsna]
na primavera	wiosną	['vɜsnɔ̃]
primaveril (adj)	wiosenny	[vɜ'sɛɲi]
verão (m)	lato (n)	['ʎatɔ]
no verão	latem	['ʎatɛm]
de verão	letni	['letni]
outono (m)	jesień (ż)	['eɕeɲ]
no outono	jesienią	[e'ɕenɔ̃]
outonal (adj)	jesienny	[e'ɕeɲi]
inverno (m)	zima (ż)	['ʒima]
no inverno	zimą	['ʒimɔ̃]
de inverno	zimowy	[ʒi'mɔvi]
mês (m)	miesiąc (m)	['meɕɔ̃ts]
este mês	w tym miesiącu	[f tim me'ɕɔ̃tsu]
mês que vem	w przyszłym miesiącu	[v 'pʃisʃwim me'ɕɔ̃tsu]
no mês passado	w zeszłym miesiącu	[v 'zɛʃwim me'ɕɔ̃tsu]
um mês atrás	miesiąc temu	['meɕɔ̃ts 'tɛmu]
em um mês	za miesiąc	[za 'meɕɔ̃ts]
em dois meses	za dwa miesiące	[za dva me'ɕɔ̃tse]
todo o mês	przez cały miesiąc	[pʃɛs 'tsawɨ 'meɕɔ̃ts]
um mês inteiro	cały miesiąc	['tsawɨ 'meɕɔ̃ts]
mensal (adj)	comiesięczny	[tsɔme'ɕentʃni]
mensalmente	comiesięcznie	[tsɔme'ɕentʃne]
todo mês	co miesiąc	[tsɔ 'meɕɔ̃ts]
duas vezes por mês	dwa razy w miesiącu	[dva 'razɨ v meɕɔ̃tsu]
ano (m)	rok (m)	[rɔk]
este ano	w tym roku	[f tim 'rɔku]
ano que vem	w przyszłym roku	[v 'pʃisʃwim 'rɔku]
no ano passado	w zeszłym roku	[v 'zɛʃwim 'rɔku]
há um ano	rok temu	[rɔk 'tɛmu]
em um ano	za rok	[za rɔk]
dentro de dois anos	za dwa lata	[za dva 'ʎata]
todo o ano	cały rok	['tsawɨ rɔk]
um ano inteiro	cały rok	['tsawɨ rɔk]
cada ano	co roku	[tsɔ 'rɔku]
anual (adj)	coroczny	[tsɔ'rɔtʃni]
anualmente	corocznie	[tsɔ'rɔtʃne]
quatro vezes por ano	cztery razy w roku	['tʃtɛrɨ 'razɨ v 'rɔku]
data (~ de hoje)	data (ż)	['data]
data (ex. ~ de nascimento)	data (ż)	['data]
calendário (m)	kalendarz (m)	[ka'lendaʃ]
meio ano	pół roku	[puw 'rɔku]
seis meses	półrocze (n)	[puw'rɔtʃɛ]

| estação (f) | sezon (m) | ['sɛzɔn] |
| século (m) | wiek (m) | [vek] |

22. Unidades de medida

peso (m)	ciężar (m)	['tʃenʒar]
comprimento (m)	długość (ż)	['dwugɔɕtʃ]
largura (f)	szerokość (ż)	[ʃɛ'rɔkɔɕtʃ]
altura (f)	wysokość (ż)	[vɨ'sɔkɔɕtʃ]
profundidade (f)	głębokość (ż)	[gwɛ̃'bɔkɔɕtʃ]
volume (m)	objętość (ż)	[ɔbʰ'entɔɕtʃ]
área (f)	powierzchnia (ż)	[pɔ'veʃhɲa]

grama (m)	gram (m)	[gram]
miligrama (m)	miligram (m)	[mi'ligram]
quilograma (m)	kilogram (m)	[ki'lɔgram]
tonelada (f)	tona (ż)	['tɔna]
libra (453,6 gramas)	funt (m)	[funt]
onça (f)	uncja (ż)	['untsʰja]

metro (m)	metr (m)	[mɛtr]
milímetro (m)	milimetr (m)	[mi'limɛtr]
centímetro (m)	centymetr (m)	[tsɛn'timɛtr]
quilômetro (m)	kilometr (m)	[ki'lɔmɛtr]
milha (f)	mila (ż)	['miʎa]

polegada (f)	cal (m)	[tsaʎ]
pé (304,74 mm)	stopa (ż)	['stɔpa]
jarda (914,383 mm)	jard (m)	['jart]

| metro (m) quadrado | metr (m) kwadratowy | [mɛtr kfadra'tɔvɨ] |
| hectare (m) | hektar (m) | ['hɛktar] |

litro (m)	litr (m)	[litr]
grau (m)	stopień (m)	['stɔpeɲ]
volt (m)	wolt (m)	[vɔʎt]
ampère (m)	amper (m)	[am'pɛr]
cavalo (m) de potência	koń (m) mechaniczny	[kɔɲ mɛha'nitʃni]

quantidade (f)	ilość (ż)	['ilɔɕtʃ]
um pouco de ...	niedużo ...	[ne'duʒɔ]
metade (f)	połowa (ż)	[pɔ'wɔva]

| dúzia (f) | tuzin (m) | ['tuʒin] |
| peça (f) | sztuka (ż) | ['ʃtuka] |

| tamanho (m), dimensão (f) | rozmiar (m) | ['rɔzmʲar] |
| escala (f) | skala (ż) | ['skaʎa] |

mínimo (adj)	minimalny	[mini'maʎni]
menor, mais pequeno	najmniejszy	[najm'nejʃi]
médio (adj)	średni	['ɕrɛdni]
máximo (adj)	maksymalny	[maksɨ'maʎni]
maior, mais grande	największy	[naj'veŋkʃi]

23. Recipientes

pote (m) de vidro	słoik (m)	['swɔik]
lata (~ de cerveja)	puszka (ż)	['puʃka]
balde (m)	wiadro (n)	['vʲadrɔ]
barril (m)	beczka (ż)	['bɛʧka]
bacia (~ de plástico)	miednica (ż)	[med'niʦa]
tanque (m)	zbiornik (m)	['zbɜrnik]
cantil (m) de bolso	piersiówka (ż)	[per'ɕyvka]
galão (m) de gasolina	kanister (m)	[ka'nistɛr]
cisterna (f)	cysterna (ż)	[ʦis'tɛrna]
caneca (f)	kubek (m)	['kubɛk]
xícara (f)	filiżanka (ż)	[fili'ʒaŋka]
pires (m)	spodek (m)	['spɔdɛk]
copo (m)	szklanka (ż)	['ʃkʎaŋka]
taça (f) de vinho	kielich (m)	['kelih]
panela (f)	garnek (m)	['garnɛk]
garrafa (f)	butelka (ż)	[bu'tɛʎka]
gargalo (m)	szyjka (ż)	['ʃijka]
jarra (f)	karafka (ż)	[ka'rafka]
jarro (m)	dzbanek (m)	['ʣbanɛk]
recipiente (m)	naczynie (n)	[nat'ʃine]
pote (m)	garnek (m)	['garnɛk]
vaso (m)	wazon (m)	['vazɔn]
frasco (~ de perfume)	flakon (m)	[fʎa'kɔn]
frasquinho (m)	fiolka (ż)	[fʰɜʎka]
tubo (m)	tubka (ż)	['tupka]
saco (ex. ~ de açúcar)	worek (m)	['vɔrɛk]
sacola (~ plastica)	torba (ż)	['tɔrba]
maço (de cigarros, etc.)	paczka (ż)	['paʧka]
caixa (~ de sapatos, etc.)	pudełko (n)	[pu'dɛwkɔ]
caixote (~ de madeira)	skrzynka (ż)	['skʃiŋka]
cesto (m)	koszyk (m)	['kɔʃik]

O SER HUMANO

O ser humano. O corpo

24. Cabeça

cabeça (f)	głowa (ż)	['gwɔva]
rosto, cara (f)	twarz (ż)	[tfaʃ]
nariz (m)	nos (m)	[nɔs]
boca (f)	usta (l.mn.)	['usta]
olho (m)	oko (n)	['ɔkɔ]
olhos (m pl)	oczy (l.mn.)	['ɔtʃi]
pupila (f)	źrenica (ż)	[zʲre'nitsa]
sobrancelha (f)	brew (ż)	[brɛf]
cílio (f)	rzęsy (l.mn.)	['ʒɛnsi]
pálpebra (f)	powieka (ż)	[pɔ'veka]
língua (f)	język (m)	['enzik]
dente (m)	ząb (m)	[zɔ̃mp]
lábios (m pl)	wargi (l.mn.)	['vargi]
maçãs (f pl) do rosto	kości (l.mn.) policzkowe	['kɔçtʃi pɔlitʃ'kɔvɛ]
gengiva (f)	dziąsło (n)	[dʒɔ̃swɔ]
palato (m)	podniebienie (n)	[pɔdne'bene]
narinas (f pl)	nozdrza (l.mn.)	['nɔzdʒa]
queixo (m)	podbródek (m)	[pɔdb'rudek]
mandíbula (f)	szczęka (ż)	['ʃtʃɛŋka]
bochecha (f)	policzek (m)	[pɔ'litʃɛk]
testa (f)	czoło (n)	['tʃɔwɔ]
têmpora (f)	skroń (ż)	[skrɔŋ]
orelha (f)	ucho (n)	['uhɔ]
costas (f pl) da cabeça	potylica (ż)	[pɔti'litsa]
pescoço (m)	szyja (ż)	['ʃija]
garganta (f)	gardło (n)	['gardwɔ]
cabelo (m)	włosy (l.mn.)	['vwɔsi]
penteado (m)	fryzura (ż)	[fri'zura]
corte (m) de cabelo	uczesanie (n)	[utʃɛ'sane]
peruca (f)	peruka (ż)	[pɛ'ruka]
bigode (m)	wąsy (l.mn.)	['vɔ̃si]
barba (f)	broda (ż)	['brɔda]
ter (~ barba, etc.)	nosić	['nɔçitʃ]
trança (f)	warkocz (m)	['varkɔtʃ]
suíças (f pl)	baczki (l.mn.)	['batʃki]
ruivo (adj)	rudy	['rudi]
grisalho (adj)	siwy	['çivi]

| careca (adj) | łysy | ['wisi] |
| calva (f) | łysina (ż) | [wi'ɕina] |

| rabo-de-cavalo (m) | koński ogon (m) | ['kɔɲski 'ɔgɔn] |
| franja (f) | grzywka (ż) | ['gʒifka] |

25. Corpo humano

| mão (f) | dłoń (ż) | [dwɔɲ] |
| braço (m) | ręka (ż) | ['rɛŋka] |

dedo (m)	palec (m)	['palets]
polegar (m)	kciuk (m)	['ktʃuk]
dedo (m) mindinho	mały palec (m)	['mawɨ 'palets]
unha (f)	paznokieć (m)	[paz'nɔketʃ]

punho (m)	pięść (ż)	[pɛ̃ɕtʃ]
palma (f)	dłoń (ż)	[dwɔɲ]
pulso (m)	nadgarstek (m)	[nad'garstɛk]
antebraço (m)	przedramię (n)	[pʃɛd'ramɛ̃]
cotovelo (m)	łokieć (n)	['wɔketʃ]
ombro (m)	ramię (n)	['ramɛ̃]

perna (f)	noga (ż)	['nɔga]
pé (m)	stopa (ż)	['stɔpa]
joelho (m)	kolano (n)	[kɔ'ʎanɔ]
panturrilha (f)	łydka (ż)	['witka]
quadril (m)	biodro (n)	['bɜdrɔ]
calcanhar (m)	pięta (ż)	['penta]

corpo (m)	ciało (n)	['tʃʲawɔ]
barriga (f), ventre (m)	brzuch (m)	[bʒuh]
peito (m)	pierś (ż)	[perɕ]
seio (m)	piersi (l.mn.)	['perɕi]
lado (m)	bok (m)	[bɔk]
costas (dorso)	plecy (l.mn.)	['pletsi]
região (f) lombar	krzyż (m)	[kʃɨʃ]
cintura (f)	talia (ż)	['taʎja]

umbigo (m)	pępek (m)	['pɛ̃pɛk]
nádegas (f pl)	pośladki (l.mn.)	[pɔɕ'ʎatki]
traseiro (m)	tyłek (m)	['tiwɛk]

sinal (m), pinta (f)	pieprzyk (m)	['pepʃik]
sinal (m) de nascença	znamię (n)	['znamɛ̃]
tatuagem (f)	tatuaż (m)	[ta'tuaʃ]
cicatriz (f)	blizna (ż)	['blizna]

Vestuário & Acessórios

26. Roupa exterior. Casacos

roupa (f)	odzież (ż)	['ɔdʒeʃ]
roupa (f) exterior	wierzchnie okrycie (n)	['veʃhne ɔk'ritʃe]
roupa (f) de inverno	odzież (ż) zimowa	['ɔdʒeʒ ʒi'mɔva]
sobretudo (m)	palto (n)	['paʎtɔ]
casaco (m) de pele	futro (n)	['futrɔ]
jaqueta (f) de pele	futro (n) krótkie	['futrɔ 'krɔtkɛ]
casaco (m) acolchoado	kurtka (ż) puchowa	['kurtka pu'hɔva]
casaco (m), jaqueta (f)	kurtka (ż)	['kurtka]
impermeável (m)	płaszcz (m)	[pwaʃtʃ]
a prova d'água	nieprzemakalny	[nepʃɛma'kaʎni]

27. Vestuário de homem & mulher

camisa (f)	koszula (ż)	[kɔ'ʃuʎa]
calça (f)	spodnie (l.mn.)	['spɔdne]
jeans (m)	dżinsy (l.mn.)	['dʒinsɨ]
paletó, terno (m)	marynarka (ż)	[mari'narka]
terno (m)	garnitur (m)	[gar'nitur]
vestido (ex. ~ de noiva)	sukienka (ż)	[su'kenka]
saia (f)	spódnica (ż)	[spud'nitsa]
blusa (f)	bluzka (ż)	['blyska]
casaco (m) de malha	sweterek (m)	[sfɛ'tɛrɛk]
casaco, blazer (m)	żakiet (m)	['ʒaket]
camiseta (f)	koszulka (ż)	[kɔ'ʃuʎka]
short (m)	spodenki (l.mn.)	[spɔ'dɛŋki]
training (m)	dres (m)	[drɛs]
roupão (m) de banho	szlafrok (m)	['ʃʎafrɔk]
pijama (m)	pidżama (ż)	[pi'dʒama]
suéter (m)	sweter (m)	['sfɛtɛr]
pulôver (m)	pulower (m)	[pu'lɔvɛr]
colete (m)	kamizelka (ż)	[kami'zɛʎka]
fraque (m)	frak (m)	[frak]
smoking (m)	smoking (m)	['smɔkiŋk]
uniforme (m)	uniform (m)	[u'nifɔrm]
roupa (f) de trabalho	ubranie (n) robocze	[ub'rane rɔ'bɔtʃɛ]
macacão (m)	kombinezon (m)	[kɔmbi'nɛzɔn]
jaleco (m), bata (f)	kitel (m)	['kitɛʎ]

28. Vestuário. Roupa interior

roupa (f) íntima	bielizna (ż)	[be'lizna]
camiseta (f)	podkoszulek (m)	[pɔtkɔ'ʃulek]
meias (f pl)	skarpety (l.mn.)	[skar'pɛti]
camisola (f)	koszula (ż) nocna	[kɔ'ʃuʎa 'nɔtsna]
sutiã (m)	biustonosz (m)	[bys'tɔnɔʃ]
meias longas (f pl)	podkolanówki (l.mn.)	[pɔdkɔʎa'nufki]
meias-calças (f pl)	rajstopy (l.mn.)	[rajs'tɔpi]
meias (~ de nylon)	pończochy (l.mn.)	[pɔɲt'ʃɔhi]
maiô (m)	kostium (m) kąpielowy	['kɔstʰjum kɔ̃pelɔvi]

29. Adereços de cabeça

chapéu (m), touca (f)	czapka (ż)	['tʃapka]
chapéu (m) de feltro	kapelusz (m) fedora	[ka'pɛlyʃ fɛ'dɔra]
boné (m) de beisebol	bejsbolówka (ż)	[bɛjsbɔ'lyfka]
boina (~ italiana)	kaszkiet (m)	['kaʃket]
boina (ex. ~ basca)	beret (m)	['bɛrɛt]
capuz (m)	kaptur (m)	['kaptur]
chapéu panamá (m)	panama (ż)	[pa'nama]
lenço (m)	chustka (ż)	['hustka]
chapéu (m) feminino	kapelusik (m)	[kapɛ'lyɕik]
capacete (m) de proteção	kask (m)	[kask]
bibico (m)	furażerka (ż)	[fura'ʒɛrka]
capacete (m)	hełm (m)	[hɛwm]
chapéu-coco (m)	melonik (m)	[mɛ'lɔnik]
cartola (f)	cylinder (m)	[tsi'lindɛr]

30. Calçado

calçado (m)	obuwie (n)	[ɔ'buve]
botinas (f pl), sapatos (m pl)	buty (l.mn.)	['buti]
sapatos (de salto alto, etc.)	pantofle (l.mn.)	[pan'tɔfle]
botas (f pl)	kozaki (l.mn.)	[kɔ'zaki]
pantufas (f pl)	kapcie (l.mn.)	['kaptɕe]
tênis (~ Nike, etc.)	adidasy (l.mn.)	[adi'dasi]
tênis (~ Converse)	tenisówki (l.mn.)	[tɛni'sufki]
sandálias (f pl)	sandały (l.mn.)	[san'dawi]
sapateiro (m)	szewc (m)	[ʃɛfts]
salto (m)	obcas (m)	['ɔbtsas]
par (m)	para (ż)	['para]
cadarço (m)	sznurowadło (n)	[ʃnurɔ'vadwɔ]
amarrar os cadarços	sznurować	[ʃnu'rɔvatʃ]

| calçadeira (f) | łyżka (ż) do butów | ['wiʒka dɔ 'butuf] |
| graxa (f) para calçado | pasta (ż) do butów | ['pasta dɔ 'butuf] |

31. Acessórios pessoais

luva (f)	rękawiczki (l.mn.)	[rɛ̃ka'vitʃki]
mitenes (f pl)	rękawiczki (l.mn.)	[rɛ̃ka'vitʃki]
cachecol (m)	szalik (m)	['ʃalik]

óculos (m pl)	okulary (l.mn.)	[ɔku'ʎari]
armação (f)	oprawka (ż)	[ɔp'rafka]
guarda-chuva (m)	parasol (m)	[pa'rasɔʎ]
bengala (f)	laska (ż)	['ʎaska]
escova (f) para o cabelo	szczotka (ż) do włosów	['ʃtʃotka dɔ 'vwɔsuv]
leque (m)	wachlarz (m)	['vahʎaʃ]

gravata (f)	krawat (m)	['kravat]
gravata-borboleta (f)	muszka (ż)	['muʃka]
suspensórios (m pl)	szelki (l.mn.)	['ʃɛʎki]
lenço (m)	chusteczka (ż) do nosa	[hus'tɛtʃka dɔ 'nɔsa]

pente (m)	grzebień (m)	['gʒɛbeɲ]
fivela (f) para cabelo	spinka (ż)	['spiŋka]
grampo (m)	szpilka (ż)	['ʃpiʎka]
fivela (f)	sprzączka (ż)	['spʒɔ̃tʃka]

| cinto (m) | pasek (m) | ['pasɛk] |
| alça (f) de ombro | pasek (m) | ['pasɛk] |

bolsa (f)	torba (ż)	['tɔrba]
bolsa (feminina)	torebka (ż)	[tɔ'rɛpka]
mochila (f)	plecak (m)	['plɛtsak]

32. Vestuário. Diversos

moda (f)	moda (ż)	['mɔda]
na moda (adj)	modny	['mɔdni]
estilista (m)	projektant (m) mody	[prɔ'ektant 'mɔdi]

colarinho (m)	kołnierz (m)	['kɔwneʃ]
bolso (m)	kieszeń (ż)	['keʃɛɲ]
de bolso	kieszonkowy	[keʃɔ'ŋkɔvi]
manga (f)	rękaw (m)	['rɛŋkaf]
ganchinho (m)	wieszak (m)	['veʃak]
bragueta (f)	rozporek (m)	[rɔs'pɔrɛk]

zíper (m)	zamek (m) błyskawiczny	['zamɛk bwiska'vitʃni]
colchete (m)	zapięcie (m)	[za'pɛ̃tʃe]
botão (m)	guzik (m)	['guʒik]
botoeira (casa de botão)	dziurką (ż) na guzik	['dʒyrka na gu'ʒik]
soltar-se (vr)	urwać się	['urvatʃ ɕɛ̃]
costurar (vi)	szyć	[ʃitʃ]

bordar (vt)	haftować	[haf'tɔvatʃ]
bordado (m)	haft (m)	[haft]
agulha (f)	igła (ż)	['igwa]
fio, linha (f)	nitka (ż)	['nitka]
costura (f)	szew (m)	[ʃɛf]
sujar-se (vr)	wybrudzić się	[vib'rudʒitʃ ɕɛ̃]
mancha (f)	plama (ż)	['pʎama]
amarrotar-se (vr)	zmiąć się	[zmɔ̃itʃ ɕɛ̃]
rasgar (vt)	rozerwać	[rɔ'zɛrvatʃ]
traça (f)	mól (m)	[muʎ]

33. Cuidados pessoais. Cosméticos

pasta (f) de dente	pasta (ż) do zębów	['pasta dɔ 'zɛ̃buʃ]
escova (f) de dente	szczoteczka (ż) do zębów	[ʃtʃɔ'tɛtʃka dɔ 'zɛ̃buʃ]
escovar os dentes	myć zęby	[mitʃ 'zɛ̃bi]
gilete (f)	maszynka (ż) do golenia	[ma'ʃiŋka dɔ gɔ'lɛɲa]
creme (m) de barbear	krem (m) do golenia	[krɛm dɔ gɔ'lɛɲa]
barbear-se (vr)	golić się	['gɔlitʃ ɕɛ̃]
sabonete (m)	mydło (n)	['midwɔ]
xampu (m)	szampon (m)	['ʃampɔn]
tesoura (f)	nożyczki (l.mn.)	[nɔ'ʒitʃki]
lixa (f) de unhas	pilnik (m) do paznokci	['piʎnik dɔ paz'nɔktʃi]
corta-unhas (m)	cążki (l.mn.) do paznokci	['tsɔ̃ʃki dɔ paz'nɔktʃi]
pinça (f)	pinceta (ż)	[pin'tsɛta]
cosméticos (m pl)	kosmetyki (l.mn.)	[kɔs'mɛtiki]
máscara (f)	maseczka (ż)	[ma'sɛtʃka]
manicure (f)	manikiur (m)	[ma'nikyr]
fazer as unhas	robić manikiur	['rɔbitʃ ma'nikyr]
pedicure (f)	pedikiur (m)	[pɛ'dikyr]
bolsa (f) de maquiagem	kosmetyczka (ż)	[kɔsmɛ'titʃka]
pó (de arroz)	puder (m)	['pudɛr]
pó (m) compacto	puderniczka (ż)	[pudɛr'nitʃka]
blush (m)	róż (m)	[ruʃ]
perfume (m)	perfumy (l.mn.)	[pɛr'fumi]
água-de-colônia (f)	woda (ż) toaletowa	['vɔda tɔale'tɔva]
loção (f)	płyn (m) kosmetyczny	[pwin kɔsmɛ'titʃni]
colônia (f)	woda (ż) kolońska	['vɔda kɔ'lɔ̃ska]
sombra (f) de olhos	cienie (l.mn.) do powiek	['tʃene dɔ 'pɔvek]
delineador (m)	kredka (ż) do oczu	['krɛtka dɔ 'ɔtʃu]
máscara (f), rímel (m)	tusz (m) do rzęs	[tuʃ dɔ ʒɛ̃s]
batom (m)	szminka (ż)	['ʃminka]
esmalte (m)	lakier (m) do paznokci	['ʎaker dɔ paz'nɔktʃi]
laquê (m), spray fixador (m)	lakier (m) do włosów	['ʎaker dɔ 'vwɔsuv]
desodorante (m)	dezodorant (m)	[dɛzɔ'dɔrant]

creme (m)	krem (m)	[krɛm]
creme (m) de rosto	krem (m) do twarzy	[krɛm dɔ 'tfaʒi]
creme (m) de mãos	krem (m) do rąk	[krɛm dɔ rɔ̃k]
de dia	na dzień	['na dʒeɲ]
da noite	nocny	['nɔʦni]

absorvente (m) interno	tampon (m)	['tampɔn]
papel (m) higiênico	papier (m) toaletowy	['paper tɔale'tɔvi]
secador (m) de cabelo	suszarka (ż) do włosów	[su'ʃarka dɔ 'vwɔsuv]

34. Relógios de pulso. Relógios

relógio (m) de pulso	zegarek (m)	[zɛ'garɛk]
mostrador (m)	tarcza (ż) zegarowa	['tartʃa zɛga'rɔva]
ponteiro (m)	wskazówka (ż)	[fska'zɔfka]
bracelete (em aço)	bransoleta (ż)	[bransɔ'leta]
bracelete (em couro)	pasek (m)	['pasɛk]

pilha (f)	bateria (ż)	[ba'tɛrʰja]
acabar (vi)	wyczerpać się	[vit'ʃɛrpatʃ ɕɛ̃]
trocar a pilha	wymienić baterię	[vi'menitʃ ba'tɛrʰɛ̃]
estar adiantado	śpieszyć się	['ɕpeʃitʃ ɕɛ̃]
estar atrasado	spóźnić się	['spuʑnitʃ ɕɛ̃]

relógio (m) de parede	zegar (m) ścienny	['zɛgar 'ɕtʃeɲi]
ampulheta (f)	klepsydra (ż)	[klɛp'sidra]
relógio (m) de sol	zegar (m) słoneczny	['zɛgar swɔ'nɛtʃni]
despertador (m)	budzik (m)	['budʒik]
relojoeiro (m)	zegarmistrz (m)	[zɛ'garmistʃ]
reparar (vt)	naprawiać	[nap'ravʲatʃ]

Alimentação. Nutrição

35. Comida

carne (f)	mięso (n)	['mɛnsɔ]
galinha (f)	kurczak (m)	['kurtʃak]
frango (m)	kurczak (m)	['kurtʃak]
pato (m)	kaczka (ż)	['katʃka]
ganso (m)	gęś (ż)	[gɛ̃ɕ]
caça (f)	dziczyzna (ż)	[dʒit'ʃizna]
peru (m)	indyk (m)	['indik]
carne (f) de porco	wieprzowina (ż)	[vepʃɔ'vina]
carne (f) de vitela	cielęcina (ż)	[tʃelɛ̃'tʃina]
carne (f) de carneiro	baranina (ż)	[bara'nina]
carne (f) de vaca	wołowina (ż)	[vɔwɔ'vina]
carne (f) de coelho	królik (m)	['krulik]
linguiça (f), salsichão (m)	kiełbasa (ż)	[kew'basa]
salsicha (f)	parówka (ż)	[pa'rufka]
bacon (m)	boczek (m)	['bɔtʃɛk]
presunto (m)	szynka (ż)	['ʃiŋka]
pernil (m) de porco	szynka (ż)	['ʃiŋka]
patê (m)	pasztet (m)	['paʃtɛt]
fígado (m)	wątróbka (ż)	[võt'rupka]
guisado (m)	farsz (m)	[farʃ]
língua (f)	ozór (m)	['ɔzur]
ovo (m)	jajko (n)	['jajkɔ]
ovos (m pl)	jajka (l.mn.)	['jajka]
clara (f) de ovo	białko (n)	['bʲawkɔ]
gema (f) de ovo	żółtko (n)	['ʒuwtkɔ]
peixe (m)	ryba (ż)	['riba]
mariscos (m pl)	owoce (l.mn.) morza	[ɔ'vɔtsɛ 'mɔʒa]
caviar (m)	kawior (m)	['kavʒr]
caranguejo (m)	krab (m)	[krap]
camarão (m)	krewetka (ż)	[krɛ'vɛtka]
ostra (f)	ostryga (ż)	[ɔst'riga]
lagosta (f)	langusta (ż)	[ʎa'ŋusta]
polvo (m)	ośmiornica (ż)	[ɔɕmʲɔr'nitsa]
lula (f)	kałamarnica (ż)	[kawamar'nitsa]
esturjão (m)	mięso (n) jesiotra	['mɛnsɔ e'ɕɔtra]
salmão (m)	łosoś (m)	['wɔsɔɕ]
halibute (m)	halibut (m)	[ha'libut]
bacalhau (m)	dorsz (m)	[dɔrʃ]
cavala, sarda (f)	makrela (ż)	[mak'rɛla]

atum (m)	tuńczyk (m)	['tuɲʧik]
enguia (f)	węgorz (m)	['vɛŋɔʃ]
truta (f)	pstrąg (m)	[pstrɔ̃k]
sardinha (f)	sardynka (ż)	[sar'diŋka]
lúcio (m)	szczupak (m)	['ʃʧupak]
arenque (m)	śledź (m)	[ɕleʧ]
pão (m)	chleb (m)	[hlep]
queijo (m)	ser (m)	[sɛr]
açúcar (m)	cukier (m)	['ʦuker]
sal (m)	sól (ż)	[suʎ]
arroz (m)	ryż (m)	[riʃ]
massas (f pl)	makaron (m)	[ma'karɔn]
talharim, miojo (m)	makaron (m)	[ma'karɔn]
manteiga (f)	masło (n) śmietankowe	['maswɔ ɕmeta'ŋkɔvɛ]
óleo (m) vegetal	olej (m) roślinny	['ɔlej rɔɕliɲi]
óleo (m) de girassol	olej (m) słonecznikowy	['ɔlej swɔnɛʧnikɔvi]
margarina (f)	margaryna (ż)	[marga'rina]
azeitonas (f pl)	oliwki (ż, l.mn.)	[ɔ'lifki]
azeite (m)	olej (m) oliwkowy	['ɔlej ɔlif'kɔvi]
leite (m)	mleko (n)	['mlekɔ]
leite (m) condensado	mleko (n) skondensowane	['mlekɔ skɔndɛnsɔ'vanɛ]
iogurte (m)	jogurt (m)	[ʒgurt]
creme (m) azedo	śmietana (ż)	[ɕme'tana]
creme (m) de leite	śmietanka (ż)	[ɕme'taŋka]
maionese (f)	majonez (m)	[maʒnɛs]
creme (m)	krem (m)	[krɛm]
grãos (m pl) de cereais	kasza (ż)	['kaʃa]
farinha (f)	mąka (ż)	['mɔ̃ka]
enlatados (m pl)	konserwy (l.mn.)	[kɔn'sɛrvi]
flocos (m pl) de milho	płatki (l.mn.) kukurydziane	['pwatki kukuri'ʣ'anɛ]
mel (m)	miód (m)	[myt]
geleia (m)	dżem (m)	[dʒɛm]
chiclete (m)	guma (ż) do żucia	['guma dɔ 'ʒuʧa]

36. Bebidas

água (f)	woda (ż)	['vɔda]
água (f) potável	woda (ż) pitna	['vɔda 'pitna]
água (f) mineral	woda (ż) mineralna	['vɔda minɛ'raʎna]
sem gás (adj)	niegazowana	[nega'zɔvana]
gaseificada (adj)	gazowana	[ga'zɔvana]
com gás	gazowana	[ga'zɔvana]
gelo (m)	lód (m)	[lyt]
com gelo	z lodem	[z 'lɔdɛm]

não alcoólico (adj)	bezalkoholowy	[bɛzaʎkɔhɔ'lɔvi]
refrigerante (m)	napój (m) bezalkoholowy	['napuj bɛzalkɔhɔ'lɔvi]
refresco (m)	napój (m) orzeźwiający	['napuj ɔʒɛzʲvjaõtɕi]
limonada (f)	lemoniada (ż)	[lemɔ'ɲjada]

bebidas (f pl) alcoólicas	napoje (l.mn.) alkoholowe	[na'pɔe aʎkɔhɔ'lɔvɛ]
vinho (m)	wino (n)	['vinɔ]
vinho (m) branco	białe wino (n)	['bʲawɛ 'vinɔ]
vinho (m) tinto	czerwone wino (n)	[tʃɛr'vɔnɛ 'vinɔ]

licor (m)	likier (m)	['liker]
champanhe (m)	szampan (m)	['ʃampan]
vermute (m)	wermut (m)	['vɛrmut]

uísque (m)	whisky (ż)	[u'iski]
vodca (f)	wódka (ż)	['vutka]
gim (m)	dżin (m), gin (m)	[dʒin]
conhaque (m)	koniak (m)	['kɔɲjak]
rum (m)	rum (m)	[rum]

café (m)	kawa (ż)	['kava]
café (m) preto	czarna kawa (ż)	['tʃarna 'kava]
café (m) com leite	kawa (ż) z mlekiem	['kava z 'mlekem]
cappuccino (m)	cappuccino (n)	[kapu'tʃinɔ]
café (m) solúvel	kawa (ż) rozpuszczalna	['kava rɔspuʃt'ʃaʎna]

leite (m)	mleko (n)	['mlekɔ]
coquetel (m)	koktajl (m)	['kɔktajʎ]
batida (f), milkshake (m)	koktajl (m) mleczny	['kɔktajʎ 'mletʃni]

suco (m)	sok (m)	[sɔk]
suco (m) de tomate	sok (m) pomidorowy	[sɔk pɔmidɔ'rɔvi]
suco (m) de laranja	sok (m) pomarańczowy	[sɔk pɔmaraɲt'ʃɔvi]
suco (m) fresco	sok (m) ze świeżych owoców	[sɔk zɛ 'ɕfeʒih ɔ'vɔtsuf]

cerveja (f)	piwo (n)	['pivɔ]
cerveja (f) clara	piwo (n) jasne	[pivɔ 'jasnɛ]
cerveja (f) preta	piwo (n) ciemne	[pivɔ 'tʃemnɛ]

chá (m)	herbata (ż)	[hɛr'bata]
chá (m) preto	czarna herbata (ż)	['tʃarna hɛr'bata]
chá (m) verde	zielona herbata (ż)	[ʒe'lɔna hɛr'bata]

37. Vegetais

| vegetais (m pl) | warzywa (l.mn.) | [va'ʒiva] |
| verdura (f) | włoszczyzna (ż) | [vwɔʃt'ʃizna] |

tomate (m)	pomidor (m)	[pɔ'midɔr]
pepino (m)	ogórek (m)	[ɔ'gurɛk]
cenoura (f)	marchew (ż)	['marhɛf]
batata (f)	ziemniak (m)	[ʒem'ɲak]
cebola (f)	cebula (ż)	[tsɛ'buʎa]

alho (m)	czosnek (m)	['t͡ʃɔsnɛk]
couve (f)	kapusta (ż)	[ka'pusta]
couve-flor (f)	kalafior (m)	[ka'ʎafɜr]
couve-de-bruxelas (f)	brukselka (ż)	[bruk'sɛʎka]
brócolis (m pl)	brokuły (l.mn.)	[brɔ'kuwi]

beterraba (f)	burak (m)	['burak]
berinjela (f)	bakłażan (m)	[bak'waʒan]
abobrinha (f)	kabaczek (m)	[ka'bat͡ʃɛk]
abóbora (f)	dynia (ż)	['diɲa]
nabo (m)	rzepa (ż)	['ʒɛpa]

salsa (f)	pietruszka (ż)	[pet'ruʃka]
endro, aneto (m)	koperek (m)	[kɔ'pɛrɛk]
alface (f)	sałata (ż)	[sa'wata]
aipo (m)	seler (m)	['sɛler]
aspargo (m)	szparagi (l.mn.)	[ʃpa'ragi]
espinafre (m)	szpinak (m)	['ʃpinak]

ervilha (f)	groch (m)	[grɔh]
feijão (~ soja, etc.)	bób (m)	[bup]
milho (m)	kukurydza (ż)	[kuku'rid͡za]
feijão (m) roxo	fasola (ż)	[fa'sɔʎa]

pimentão (m)	słodka papryka (ż)	['swɔdka pap'rika]
rabanete (m)	rzodkiewka (ż)	[ʒɔt'kefka]
alcachofra (f)	karczoch (m)	['kart͡ʃɔh]

38. Frutos. Nozes

fruta (f)	owoc (m)	['ɔvɔts]
maçã (f)	jabłko (n)	['jabkɔ]
pera (f)	gruszka (ż)	['gruʃka]
limão (m)	cytryna (ż)	[t͡sit'rina]
laranja (f)	pomarańcza (ż)	[pɔma'raɲt͡ʃa]
morango (m)	truskawka (ż)	[trus'kafka]

tangerina (f)	mandarynka (ż)	[manda'riŋka]
ameixa (f)	śliwka (ż)	['ɕlifka]
pêssego (m)	brzoskwinia (ż)	[bʒɔsk'fiɲa]
damasco (m)	morela (ż)	[mɔ'rɛʎa]
framboesa (f)	malina (ż)	[ma'lina]
abacaxi (m)	ananas (m)	[a'nanas]

banana (f)	banan (m)	['banan]
melancia (f)	arbuz (m)	['arbus]
uva (f)	winogrona (l.mn.)	[vinɔg'rɔna]
ginja (f)	wiśnia (ż)	['viɕɲa]
cereja (f)	czereśnia (ż)	[t͡ʃɛ'rɛɕɲa]
melão (m)	melon (m)	['mɛlɜn]

toranja (f)	grejpfrut (m)	['grɛjpfrut]
abacate (m)	awokado (n)	[avɔ'kadɔ]
mamão (m)	papaja (ż)	[pa'paja]

| manga (f) | mango (n) | ['maŋɔ] |
| romã (f) | granat (m) | ['granat] |

groselha (f) vermelha	czerwona porzeczka (ż)	[tʃɛr'vɔna pɔ'ʒɛtʃka]
groselha (f) negra	czarna porzeczka (ż)	['tʃarna pɔ'ʒɛtʃka]
groselha (f) espinhosa	agrest (m)	['agrɛst]
mirtilo (m)	borówka (ż) czarna	[bɔ'rɔfka 'tʃarna]
amora (f) silvestre	jeżyna (ż)	[e'ʒina]

passa (f)	rodzynek (m)	[rɔ'dzinɛk]
figo (m)	figa (ż)	['figa]
tâmara (f)	daktyl (m)	['daktil]

amendoim (m)	orzeszek (l.mn.) ziemny	[ɔ'ʒɛʃɛk 'ʒemnɛ]
amêndoa (f)	migdał (m)	['migdaw]
noz (f)	orzech (m) włoski	['ɔʒɛh 'vwɔski]
avelã (f)	orzech (m) laskowy	['ɔʒɛh ʎas'kɔvi]
coco (m)	orzech (m) kokosowy	['ɔʒɛh kɔkɔ'sɔvi]
pistaches (m pl)	fistaszki (l.mn.)	[fis'taʃki]

39. Pão. Bolaria

pastelaria (f)	wyroby (l.mn.) cukiernicze	[vi'rɔbi tsuker'nitʃɛ]
pão (m)	chleb (m)	[hlep]
biscoito (m), bolacha (f)	herbatniki (l.mn.)	[hɛrbat'niki]

chocolate (m)	czekolada (ż)	[tʃɛkɔ'ʎada]
de chocolate	czekoladowy	[tʃɛkɔʎa'dɔvi]
bala (f)	cukierek (m)	[tsu'kerɛk]
doce (bolo pequeno)	ciastko (n)	['tʃastkɔ]
bolo (m) de aniversário	tort (m)	[tɔrt]

| torta (f) | ciasto (n) | ['tʃastɔ] |
| recheio (m) | nadzienie (n) | [na'dʒene] |

geleia (m)	konfitura (ż)	[kɔnfi'tura]
marmelada (f)	marmolada (ż)	[marmɔ'ʎada]
wafers (m pl)	wafle (l.mn.)	['vafle]
sorvete (m)	lody (l.mn.)	['lɔdi]

40. Pratos cozinhados

prato (m)	danie (n)	['dane]
cozinha (~ portuguesa)	kuchnia (ż)	['kuhɲa]
receita (f)	przepis (m)	['pʃɛpis]
porção (f)	porcja (ż)	['pɔrtsʰja]

| salada (f) | sałatka (ż) | [sa'watka] |
| sopa (f) | zupa (ż) | ['zupa] |

| caldo (m) | rosół (m) | ['rɔsuw] |
| sanduíche (m) | kanapka (ż) | [ka'napka] |

ovos (m pl) fritos	jajecznica (ż)	[jaetʃ'nitsa]
hambúrguer (m)	hamburger (m)	[ham'burgɛr]
bife (m)	befsztyk (m)	['bɛfʃtik]

acompanhamento (m)	dodatki (l.mn.)	[dɔ'datki]
espaguete (m)	spaghetti (n)	[spa'gɛtti]
pizza (f)	pizza (ż)	['pitsa]
mingau (m)	kasza (ż)	['kaʃa]
omelete (f)	omlet (m)	['ɔmlɛt]

fervido (adj)	gotowany	[gɔtɔ'vani]
defumado (adj)	wędzony	[vɛ̃'dzɔni]
frito (adj)	smażony	[sma'ʒɔni]
seco (adj)	suszony	[su'ʃɔni]
congelado (adj)	mrożony	[mrɔ'ʒɔni]
em conserva (adj)	marynowany	[marinɔ'vani]

doce (adj)	słodki	['swɔtki]
salgado (adj)	słony	['swɔni]
frio (adj)	zimny	['ʒimni]
quente (adj)	gorący	[gɔ'rɔ̃tsi]
amargo (adj)	gorzki	['gɔʃki]
gostoso (adj)	smaczny	['smatʃni]

cozinhar em água fervente	gotować	[gɔ'tɔvatʃ]
preparar (vt)	gotować	[gɔ'tɔvatʃ]
fritar (vt)	smażyć	['smaʒitʃ]
aquecer (vt)	odgrzewać	[ɔdg'ʒɛvatʃ]

salgar (vt)	solić	['sɔlitʃ]
apimentar (vt)	pieprzyć	['pepʃitʃ]
ralar (vt)	trzeć	[tʃɛtʃ]
casca (f)	skórka (ż)	['skurka]
descascar (vt)	obierać	[ɔ'beratʃ]

41. Especiarias

sal (m)	sól (ż)	[suʎ]
salgado (adj)	słony	['swɔni]
salgar (vt)	solić	['sɔlitʃ]

pimenta-do-reino (f)	pieprz (m) czarny	[pepʃ 'tʃarni]
pimenta (f) vermelha	papryka (ż)	[pap'rika]
mostarda (f)	musztarda (ż)	[muʃ'tarda]
raiz-forte (f)	chrzan (m)	[hʃan]

condimento (m)	przyprawa (ż)	[pʃip'rava]
especiaria (f)	przyprawa (ż)	[pʃip'rava]
molho (~ inglês)	sos (m)	[sɔs]
vinagre (m)	ocet (m)	['ɔtset]

anis estrelado (m)	anyż (m)	['aniʃ]
manjericão (m)	bazylia (ż)	[ba'ziʎja]
cravo (m)	goździki (l.mn.)	['gɔʒ'dʒiki]

gengibre (m)	imbir (m)	['imbir]
coentro (m)	kolendra (ż)	[kɔ'lendra]
canela (f)	cynamon (m)	[tsi'namɔn]

gergelim (m)	sezam (m)	['sɛzam]
folha (f) de louro	liść (m) laurowy	[liɕtʃ ʎau'rɔvi]
páprica (f)	papryka (ż)	[pap'rika]
cominho (m)	kminek (m)	['kminɛk]
açafrão (m)	szafran (m)	['ʃafran]

42. Refeições

comida (f)	jedzenie (n)	[e'dzɛne]
comer (vt)	jeść	[eɕtʃ]

café (m) da manhã	śniadanie (n)	[ɕɲa'dane]
tomar café da manhã	jeść śniadanie	[eɕtʃ ɕɲa'dane]
almoço (m)	obiad (m)	['ɔbʲat]
almoçar (vi)	jeść obiad	[eɕtʃ 'ɔbʲat]

jantar (m)	kolacja (ż)	[kɔ'ʎatsʰja]
jantar (vi)	jeść kolację	[eɕtʃ kɔ'ʎatsʰɛ̃]

apetite (m)	apetyt (m)	[a'pɛtit]
Bom apetite!	Smacznego!	[smatʃ'nɛgɔ]

abrir (~ uma lata, etc.)	otwierać	[ɔt'feratʃ]
derramar (~ líquido)	rozlać	['rɔzʎatʃ]
derramar-se (vr)	rozlać się	['rɔzʎatʃ ɕɛ̃]

ferver (vi)	gotować się	[gɔ'tɔvatʃ ɕɛ̃]
ferver (vt)	gotować	[gɔ'tɔvatʃ]
fervido (adj)	gotowany	[gɔtɔ'vani]

esfriar (vt)	ostudzić	[ɔs'tudʒitʃ]
esfriar-se (vr)	stygnąć	['stignɔ̃tʃ]

sabor, gosto (m)	smak (m)	[smak]
fim (m) de boca	posmak (m)	['pɔsmak]

emagrecer (vi)	odchudzać się	[ɔd'hudzatʃ ɕɛ̃]
dieta (f)	dieta (ż)	['dʰeta]
vitamina (f)	witamina (ż)	[vita'mina]
caloria (f)	kaloria (ż)	[ka'lɔrja]

vegetariano (m)	wegetarianin (m)	[vɛgɛtarʰ'janin]
vegetariano (adj)	wegetariański	[vɛgɛtarʰ'jaɲski]

gorduras (f pl)	tłuszcze (l.mn.)	['twuʃtʃɛ]
proteínas (f pl)	białka (l.mn.)	['bʲawka]
carboidratos (m pl)	węglowodany (l.mn.)	[vɛnɛ̃zvɔ'dani]
fatia (~ de limão, etc.)	plasterek (m)	[pʎas'tɛrɛk]
pedaço (~ de bolo)	kawałek (m)	[ka'vawɛk]
migalha (f), farelo (m)	okruchek (m)	[ɔk'ruhɛk]

43. Por a mesa

colher (f)	łyżka (ż)	['wiʃka]
faca (f)	nóż (m)	[nuʃ]
garfo (m)	widelec (m)	[vi'dɛlɛʦ]
xícara (f)	filiżanka (ż)	[fili'ʒaŋka]
prato (m)	talerz (m)	['taleʃ]
pires (m)	spodek (m)	['spɔdɛk]
guardanapo (m)	serwetka (ż)	[sɛr'vɛtka]
palito (m)	wykałaczka (ż)	[vika'watʃka]

44. Restaurante

restaurante (m)	restauracja (ż)	[rɛstau'raʦʰja]
cafeteria (f)	kawiarnia (ż)	[ka'vʲarɲa]
bar (m), cervejaria (f)	bar (m)	[bar]
salão (m) de chá	herbaciarnia (ż)	[hɛrba'tʃarɲa]
garçom (m)	kelner (m)	['kɛʎnɛr]
garçonete (f)	kelnerka (ż)	[kɛʎ'nɛrka]
barman (m)	barman (m)	['barman]
cardápio (m)	menu (n)	['menu]
lista (f) de vinhos	karta (ż) win	['karta vin]
reservar uma mesa	zarezerwować stolik	[zarɛzɛrvɔvatʃ 'stɔlik]
prato (m)	danie (n)	['dane]
pedir (vt)	zamówić	[za'muvitʃ]
fazer o pedido	zamówić	[za'muvitʃ]
aperitivo (m)	aperitif (m)	[apɛri'tif]
entrada (f)	przystawka (ż)	[pʃis'tafka]
sobremesa (f)	deser (m)	['dɛsɛr]
conta (f)	rachunek (m)	[ra'hunɛk]
pagar a conta	zapłacić rachunek	[zap'watʃitʃ ra'hunɛk]
dar o troco	wydać resztę	['vidatʃ 'rɛʃtɛ̃]
gorjeta (f)	napiwek (m)	[na'pivɛk]

Família, parentes e amigos

45. Informação pessoal. Formulários

nome (m)	imię (n)	['imɛ̃]
sobrenome (m)	nazwisko (n)	[naz'viskɔ]
data (f) de nascimento	data (ż) urodzenia	['data urɔ'dzɛɲa]
local (m) de nascimento	miejsce (n) urodzenia	['mejstsɛ urɔ'dzɛɲa]
nacionalidade (f)	narodowość (ż)	[narɔ'dɔvɔɕʧ]
lugar (m) de residência	miejsce (n) zamieszkania	['mejstse zameʃ'kaɲa]
país (m)	kraj (m)	[kraj]
profissão (f)	zawód (m)	['zavut]
sexo (m)	płeć (ż)	['pwɛʧ]
estatura (f)	wzrost (m)	[vzrɔst]
peso (m)	waga (ż)	['vaga]

46. Membros da família. Parentes

mãe (f)	matka (ż)	['matka]
pai (m)	ojciec (m)	['ɔjʧets]
filho (m)	syn (m)	[sin]
filha (f)	córka (ż)	['tsurka]
caçula (f)	młodsza córka (ż)	['mwɔʧa 'tsurka]
caçula (m)	młodszy syn (m)	['mwɔʧi sin]
filha (f) mais velha	starsza córka (ż)	['starʃa 'tsurka]
filho (m) mais velho	starszy syn (m)	['starʃi sin]
irmão (m)	brat (m)	[brat]
irmã (f)	siostra (ż)	['ɕɔstra]
primo (m)	kuzyn (m)	['kuzin]
prima (f)	kuzynka (ż)	[ku'ziŋka]
mamãe (f)	mama (ż)	['mama]
papai (m)	tata (m)	['tata]
pais (pl)	rodzice (l.mn.)	[rɔ'dʑitsɛ]
criança (f)	dziecko (n)	['dʑetskɔ]
crianças (f pl)	dzieci (l.mn.)	['dʑeʨi]
avó (f)	babcia (ż)	['babʨa]
avô (m)	dziadek (m)	['dʑadɛk]
neto (m)	wnuk (m)	[vnuk]
neta (f)	wnuczka (ż)	['vnuʧka]
netos (pl)	wnuki (l.mn.)	['vnuki]
tio (m)	wujek (m)	['vuek]
tia (f)	ciocia (ż)	['ʨɔʨa]

sobrinho (m)	**bratanek** (m), **siostrzeniec** (m)	[bra'tanɛk], [sɜst'ʃɛneʦ]
sobrinha (f)	**bratanica** (ż), **siostrzenica** (ż)	[brata'niʦa], [sɜst'ʃɛniʦa]
sogra (f)	**teściowa** (ż)	[tɛɕ'ʧova]
sogro (m)	**teść** (m)	[tɛɕʧ]
genro (m)	**zięć** (m)	[ʒɛ̃ʧ]
madrasta (f)	**macocha** (ż)	[ma'ʦɔha]
padrasto (m)	**ojczym** (m)	['ɔjʧim]
criança (f) de colo	**niemowlę** (n)	[ne'mɔvlɛ̃]
bebê (m)	**niemowlę** (n)	[ne'mɔvlɛ̃]
menino (m)	**maluch** (m)	['malyh]
mulher (f)	**żona** (ż)	['ʒɔna]
marido (m)	**mąż** (m)	[mɔ̃ʃ]
esposo (m)	**małżonek** (m)	[maw'ʒɔnɛk]
esposa (f)	**małżonka** (ż)	[maw'ʒɔŋka]
casado (adj)	**żonaty**	[ʒɔ'nati]
casada (adj)	**zamężna**	[za'mɛnʒna]
solteiro (adj)	**nieżonaty**	[neʒɔ'nati]
solteirão (m)	**kawaler** (m)	[ka'valer]
divorciado (adj)	**rozwiedziony**	[rɔzve'dʒɜni]
viúva (f)	**wdowa** (ż)	['vdɔva]
viúvo (m)	**wdowiec** (m)	['vdɔveʦ]
parente (m)	**krewny** (m)	['krɛvni]
parente (m) próximo	**bliski krewny** (m)	['bliski 'krɛvni]
parente (m) distante	**daleki krewny** (m)	[da'leki 'krɛvni]
parentes (m pl)	**rodzina** (ż)	[rɔ'dʒina]
órfão (m), órfã (f)	**sierota** (ż)	[ɕe'rɔta]
tutor (m)	**opiekun** (m)	[ɔ'pekun]
adotar (um filho)	**zaadoptować**	[za:dɔp'tɔvaʧ]
adotar (uma filha)	**zaadoptować**	[za:dɔp'tɔvaʧ]

Medicina

47. Doenças

doença (f)	choroba (ż)	[ho'roba]
estar doente	chorować	[ho'rovatʃ]
saúde (f)	zdrowie (n)	['zdrove]
nariz (m) escorrendo	katar (m)	['katar]
amigdalite (f)	angina (ż)	[aŋina]
resfriado (m)	przeziębienie (n)	[pʃɛʒɛ̃'bene]
ficar resfriado	przeziębić się	[pʃɛ'ʒembitʃ ɕɛ̃]
bronquite (f)	zapalenie (n) oskrzeli	[zapa'lɛne ɔsk'ʃɛli]
pneumonia (f)	zapalenie (n) płuc	[zapa'lɛne pwuts]
gripe (f)	grypa (ż)	['gripa]
míope (adj)	krótkowzroczny	[krutkɔvz'rɔtʃni]
presbita (adj)	dalekowzroczny	[dalekɔvz'rɔtʃni]
estrabismo (m)	zez (m)	[zɛs]
estrábico, vesgo (adj)	zezowaty	[zɛzɔ'vati]
catarata (f)	katarakta (ż)	[kata'rakta]
glaucoma (m)	jaskra (ż)	['jaskra]
AVC (m), apoplexia (f)	wylew (m)	['vilef]
ataque (m) cardíaco	zawał (m)	['zavaw]
enfarte (m) do miocárdio	zawał (m) mięśnia sercowego	['zavaw 'mɛ̃ɕɲa sɛrtsɔ'vɛgɔ]
paralisia (f)	paraliż (m)	[pa'raliʃ]
paralisar (vt)	sparaliżować	[sparali'ʒɔvatʃ]
alergia (f)	alergia (ż)	[a'lergʰja]
asma (f)	astma (ż)	['astma]
diabetes (f)	cukrzyca (ż)	[tsuk'ʃitsa]
dor (f) de dente	ból (m) zęba	[buʎ 'zɛ̃ba]
cárie (f)	próchnica (ż)	[pruh'nitsa]
diarreia (f)	rozwolnienie (n)	[rɔzvɔʎ'nene]
prisão (f) de ventre	zaparcie (n)	[za'partʃe]
desarranjo (m) intestinal	rozstrój (m) żołądka	['rɔsstruj ʒɔ'wõtka]
intoxicação (f) alimentar	zatrucie (n) pokarmowe	[zat'rutʃe pɔkar'mɔvɛ]
intoxicar-se	zatruć się	['zatrutʃ ɕɛ̃]
artrite (f)	artretyzm (m)	[art'rɛtizm]
raquitismo (m)	krzywica (ż)	[kʃi'vitsa]
reumatismo (m)	reumatyzm (m)	[rɛu'matizm]
arteriosclerose (f)	miażdżyca (ż)	[mʲaʒ'dʒitsa]
gastrite (f)	nieżyt (m) żołądka	['neʒit ʒɔ'wõtka]
apendicite (f)	zapalenie (n) wyrostka robaczkowego	[zapa'lene vi'rɔstka rɔbatʃkɔ'vɛgɔ]

úlcera (f)	wrzód (m)	[vʒut]
sarampo (m)	odra (ż)	['ɔdra]
rubéola (f)	różyczka (ż)	[ru'ʒiʧka]
icterícia (f)	żółtaczka (ż)	[ʒuw'taʧka]
hepatite (f)	zapalenie (n) wątroby	[zapa'lene võt'rɔbi]

esquizofrenia (f)	schizofrenia (ż)	[shizɔf'rɛnʰja]
raiva (f)	wścieklizna (ż)	[vçʧek'lizna]
neurose (f)	nerwica (ż)	[nɛr'viʦa]
contusão (f) cerebral	wstrząs (m) mózgu	[fsʧõs 'muzgu]

câncer (m)	rak (m)	[rak]
esclerose (f)	stwardnienie (n)	[stvard'nenie]
esclerose (f) múltipla	stwardnienie (n) rozsiane	[stfard'nene rɔz'çanɛ]

alcoolismo (m)	alkoholizm (m)	[aʎkɔ'hɔlizm]
alcoólico (m)	alkoholik (m)	[aʎkɔ'hɔlik]
sífilis (f)	syfilis (m)	[si'filis]
AIDS (f)	AIDS (m)	[ɛjʦ]

tumor (m)	nowotwór (m)	[nɔ'vɔtfur]
maligno (adj)	złośliwa	[zwɔç'liva]
benigno (adj)	niezłośliwa	[nezwɔç'liva]

febre (f)	febra (ż)	['fɛbra]
malária (f)	malaria (ż)	[ma'ʎarʰja]
gangrena (f)	gangrena (ż)	[gaŋ'rɛna]
enjoo (m)	choroba (ż) morska	[hɔ'rɔba 'mɔrska]
epilepsia (f)	padaczka (ż)	[pa'daʧka]

epidemia (f)	epidemia (ż)	[ɛpi'dɛmʰja]
tifo (m)	tyfus (m)	['tifus]
tuberculose (f)	gruźlica (ż)	[gruʑ'liʦa]
cólera (f)	cholera (ż)	[hɔ'lera]
peste (f) bubônica	dżuma (ż)	['dʒuma]

48. Sintomas. Tratamentos. Parte 1

sintoma (m)	objaw (m)	['ɔbʰjaf]
temperatura (f)	temperatura (ż)	[tɛmpɛra'tura]
febre (f)	gorączka (ż)	[gɔ'rõʧka]
pulso (m)	puls (m)	[puʎs]

vertigem (f)	zawrót (m) głowy	['zavrut 'gwɔvi]
quente (testa, etc.)	gorący	[gɔ'rõʦi]
calafrio (m)	dreszcz (m)	['drɛʃʧ]
pálido (adj)	blady	['bʎadi]

tosse (f)	kaszel (m)	['kaʃɛʎ]
tossir (vi)	kaszleć	['kaʃleʧ]
espirrar (vi)	kichać	['kihaʧ]
desmaio (m)	omdlenie (n)	[ɔmd'lene]
desmaiar (vi)	zemdleć	['zɛmdleʧ]
mancha (f) preta	siniak (m)	['çiɲak]

galo (m)	guz (m)	[gus]
machucar-se (vr)	uderzyć się	[u'dɛʑitʃ ɕɛ̃]
contusão (f)	stłuczenie (n)	[stwut'ʃɛne]
machucar-se (vr)	potłuc się	['potwuts ɕɛ̃]

mancar (vi)	kuleć	['kuletʃ]
deslocamento (f)	zwichnięcie (n)	[zvih'nɛ̃tʃe]
deslocar (vt)	zwichnąć	['zvihnɔ̃tʃ]
fratura (f)	złamanie (n)	[zwa'mane]
fraturar (vt)	otrzymać złamanie	[ɔt'ʃimatʃ zwa'mane]

corte (m)	skaleczenie (n)	[skalet'ʃɛne]
cortar-se (vr)	skaleczyć się	[ska'letʃitʃ ɕɛ̃]
hemorragia (f)	krwotok (m)	['krfɔtɔk]

queimadura (f)	oparzenie (n)	[ɔpa'ʒɛne]
queimar-se (vr)	poparzyć się	[pɔ'paʒitʃ ɕɛ̃]

picar (vt)	ukłuć	['ukwutʃ]
picar-se (vr)	ukłuć się	['ukwutʃ ɕɛ̃]
lesionar (vt)	uszkodzić	[uʃ'kɔdʑitʃ]
lesão (m)	uszkodzenie (n)	[uʃkɔ'dzɛne]
ferida (f), ferimento (m)	rana (ż)	['rana]
trauma (m)	uraz (m)	['uras]

delirar (vi)	bredzić	['brɛdʑitʃ]
gaguejar (vi)	jąkać się	[ɔ̃katʃ ɕɛ̃]
insolação (f)	udar (m) słoneczny	['udar swɔ'nɛtʃni]

49. Sintomas. Tratamentos. Parte 2

dor (f)	ból (m)	[buʎ]
farpa (no dedo, etc.)	drzazga (ż)	['dʒazga]

suor (m)	pot (m)	[pɔt]
suar (vi)	pocić się	['pɔtʃitʃ ɕɛ̃]
vômito (m)	wymiotowanie (n)	[vimɔtɔ'vane]
convulsões (f pl)	drgawki (l.mn.)	['drgavki]

grávida (adj)	ciężarna (ż)	[tʃɛ̃'ʒarna]
nascer (vi)	urodzić się	[u'rɔdʑitʃ ɕɛ̃]
parto (m)	poród (m)	['pɔrut]
dar à luz	rodzić	['rɔdʑitʃ]
aborto (m)	aborcja (ż)	[a'bɔrtsʰja]

respiração (f)	oddech (m)	['ɔddɛh]
inspiração (f)	wdech (m)	[vdɛh]
expiração (f)	wydech (m)	['vidɛh]
expirar (vi)	zrobić wydech	['zrɔbitʃ 'vidɛh]
inspirar (vi)	zrobić wdech	['zrɔbitʃ vdɛh]

inválido (m)	niepełnosprawny (m)	[nepɛwnɔsp'ravni]
aleijado (m)	kaleka (m, ż)	[ka'leka]
drogado (m)	narkoman (m)	[nar'kɔman]

surdo (adj)	niesłyszący, głuchy	[neswi'ʃɔ̃tsi], ['gwuhi]
mudo (adj)	niemy	['nemi]
surdo-mudo (adj)	głuchoniemy	[gwuhɔ'nemi]

louco, insano (adj)	zwariowany	[zvarʰʒ'vani]
louco (m)	wariat (m)	['varʰjat]
louca (f)	wariatka (ż)	[varʰ'jatka]
ficar louco	stracić rozum	['stratʃitʃ rɔzum]

gene (m)	gen (m)	[gɛn]
imunidade (f)	odporność (ż)	[ɔt'pɔrnɔɕtʃ]
hereditário (adj)	dziedziczny	[dʒe'dʒitʃni]
congênito (adj)	wrodzony	[vrɔ'dzoni]

vírus (m)	wirus (m)	['virus]
micróbio (m)	mikrob (m)	['mikrɔb]
bactéria (f)	bakteria (ż)	[bak'tɛrʰja]
infecção (f)	infekcja (ż)	[in'fɛktsʰja]

50. Sintomas. Tratamentos. Parte 3

| hospital (m) | szpital (m) | ['ʃpitaʎ] |
| paciente (m) | pacjent (m) | ['patsʰent] |

diagnóstico (m)	diagnoza (ż)	[dʰjag'nɔza]
cura (f)	leczenie (n)	[let'ʃene]
tratamento (m) médico	leczenie (n)	[let'ʃene]
curar-se (vr)	leczyć się	['letʃitʃ ɕɛ̃]
tratar (vt)	leczyć	['letʃitʃ]
cuidar (pessoa)	opiekować się	[ɔpe'kɔvatʃ ɕɛ̃]
cuidado (m)	opieka (ż)	[ɔ'peka]

operação (f)	operacja (ż)	[ɔpɛ'ratsʰja]
enfaixar (vt)	opatrzyć	[ɔ'patʃitʃ]
enfaixamento (m)	opatrunek (m)	[ɔpat'runɛk]

vacinação (f)	szczepionka (m)	[ʃtʃɛ'pɔŋka]
vacinar (vt)	szczepić	['ʃtʃɛpitʃ]
injeção (f)	zastrzyk (m)	['zastʃik]
dar uma injeção	robić zastrzyk	['rɔbitʃ 'zastʃik]

amputação (f)	amputacja (ż)	[ampu'tatsʰja]
amputar (vt)	amputować	[ampu'tɔvatʃ]
coma (f)	śpiączka (ż)	[ɕpɔ̃tʃka]
estar em coma	być w śpiączce	[bitʃ f ɕpɔ̃tʃse]
reanimação (f)	reanimacja (ż)	[rɛani'matsʰja]

recuperar-se (vr)	wracać do zdrowia	['vratsatʃ dɔ 'zdrɔvia]
estado (~ de saúde)	stan (m)	[stan]
consciência (perder a ~)	przytomność (ż)	[pʃi'tɔmnɔɕtʃ]
memória (f)	pamięć (ż)	['pamɛ̃tʃ]

| tirar (vt) | usuwać | [u'suvatʃ] |
| obturação (f) | plomba (ż) | ['plɔmba] |

obturar (vt)	plombować	[plɔm'bɔvatʃ]
hipnose (f)	hipnoza (ż)	[hip'nɔza]
hipnotizar (vt)	hipnotyzować	[hipnɔti'zɔvatʃ]

51. Médicos

médico (m)	lekarz (m)	['lekaʃ]
enfermeira (f)	pielęgniarka (ż)	[pelɛ̃g'ɲarka]
médico (m) pessoal	lekarz (m) prywatny	[lekaʒ pri'vatni]

dentista (m)	dentysta (m)	[dɛn'tista]
oculista (m)	okulista (m)	[ɔku'lista]
terapeuta (m)	internista (m)	[intɛr'nista]
cirurgião (m)	chirurg (m)	['hirurk]

psiquiatra (m)	psychiatra (m)	[psih'ʰ'atra]
pediatra (m)	pediatra (m)	[pɛdʰ'atra]
psicólogo (m)	psycholog (m)	[psi'hɔlɔg]
ginecologista (m)	ginekolog (m)	[ginɛ'kɔlɔk]
cardiologista (m)	kardiolog (m)	[kardʰʒ'lɔk]

52. Medicina. Drogas. Acessórios

medicamento (m)	lekarstwo (n)	[le'karstfɔ]
remédio (m)	środek (m)	['ɕrɔdɛk]
receitar (vt)	zapisać	[za'pisatʃ]
receita (f)	recepta (ż)	[rɛ'tsɛpta]

comprimido (m)	tabletka (ż)	[tab'letka]
unguento (m)	maść (ż)	[maɕtʃ]
ampola (f)	ampułka (ż)	[am'puwka]
solução, preparado (m)	mikstura (ż)	[miks'tura]
xarope (m)	syrop (m)	['sirɔp]
cápsula (f)	pigułka (ż)	[pi'guwka]
pó (m)	proszek (m)	['prɔʃɛk]

atadura (f)	bandaż (m)	['bandaʃ]
algodão (m)	wata (ż)	['vata]
iodo (m)	jodyna (ż)	[ʒ'dina]
curativo (m) adesivo	plaster (m)	['pʌaster]
conta-gotas (m)	zakraplacz (m)	[zak'rapʌatʃ]
termômetro (m)	termometr (m)	[tɛr'mɔmɛtr]
seringa (f)	strzykawka (ż)	[stʃi'kafka]

| cadeira (f) de rodas | wózek (m) inwalidzki | ['vɔzɛk inva'lidzki] |
| muletas (f pl) | kule (l.mn.) | ['kule] |

analgésico (m)	środek (m) przeciwbólowy	['ɕrɔdɛk pʃɛtʃifbɔ'lɔvi]
laxante (m)	środek (m) przeczyszczający	['ɕrɔdɛk pʃɛtʃiʃtʃaõtsi]
álcool (m)	spirytus (m)	[spi'ritus]
ervas (f pl) medicinais	zioła (l.mn.) lecznicze	[ʒi'ɔla lɛtʃ'nitʃɛ]
de ervas (chá ~)	ziołowy	[ʒɔ'wɔvi]

HABITAT HUMANO

Cidade

53. Cidade. Vida na cidade

cidade (f)	miasto (n)	['mʲastɔ]
capital (f)	stolica (ż)	[stɔ'liʦa]
aldeia (f)	wieś (ż)	[veɕ]
mapa (m) da cidade	plan (m) miasta	[pʎan 'mʲasta]
centro (m) da cidade	centrum (n) miasta	['ʦɛntrum 'mʲasta]
subúrbio (m)	dzielnica (ż) podmiejska	[dʑɛʎ'niʦa pɔd'mejska]
suburbano (adj)	podmiejski	[pɔd'mejski]
periferia (f)	peryferie (l.mn.)	[pɛri'fɛrʰe]
arredores (m pl)	okolice (l.mn.)	[ɔkɔ'liʦɛ]
quarteirão (m)	osiedle (n)	[ɔ'ɕedle]
quarteirão (m) residencial	osiedle (n) mieszkaniowe	[ɔ'ɕedle meʃka'nɜvɛ]
tráfego (m)	ruch (m) uliczny	[ruh u'liʧni]
semáforo (m)	światła (l.mn.)	['ɕfʲatwa]
transporte (m) público	komunikacja (ż) publiczna	[kɔmuni'kaʦʰja pub'liʧna]
cruzamento (m)	skrzyżowanie (n)	[skʃiʒɔ'vane]
faixa (f)	przejście (n)	['pʃɛjɕʨe]
túnel (m) subterrâneo	przejście (n) podziemne	['pʃɛjɕʨe pɔ'dʑemnɛ]
cruzar, atravessar (vt)	przechodzić	[pʃɛ'hɔʤiʨ]
pedestre (m)	pieszy (m)	['peʃi]
calçada (f)	chodnik (m)	['hɔdnik]
ponte (f)	most (m)	[mɔst]
margem (f) do rio	nadbrzeże (n)	[nadb'ʒɛʒɛ]
fonte (f)	fontanna (ż)	[fɔn'taŋa]
alameda (f)	aleja (ż)	[a'leja]
parque (m)	park (m)	[park]
bulevar (m)	bulwar (m)	['buʎvar]
praça (f)	plac (m)	[pʎaʦ]
avenida (f)	aleja (ż)	[a'leja]
rua (f)	ulica (ż)	[u'liʦa]
travessa (f)	zaułek (m)	[za'uwɛk]
beco (m) sem saída	ślepa uliczka (ż)	['ɕlepa u'liʧka]
casa (f)	dom (m)	[dɔm]
edifício, prédio (m)	budynek (m)	[bu'dinɛk]
arranha-céu (m)	wieżowiec (m)	[ve'ʒɔveʦ]
fachada (f)	fasada (ż)	[fa'sada]
telhado (m)	dach (m)	[dah]

janela (f)	okno (n)	['ɔknɔ]
arco (m)	łuk (m)	[wuk]
coluna (f)	kolumna (ż)	[kɔ'lymna]
esquina (f)	róg (m)	[ruk]

vitrine (f)	witryna (ż)	[vit'rina]
letreiro (m)	szyld (m)	[ʃiʎt]
cartaz (do filme, etc.)	afisz (m)	['afiʃ]
cartaz (m) publicitário	plakat (m) reklamowy	['pʎakat rɛkʎa'mɔvi]
painel (m) publicitário	billboard (m)	['biʎbɔrt]

lixo (m)	śmiecie (l.mn.)	['ɕmetʃe]
lata (f) de lixo	kosz (m) na śmieci	[kɔʃ na 'ɕmetʃi]
jogar lixo na rua	śmiecić	['ɕmetʃitʃ]
aterro (m) sanitário	wysypisko (n) śmieci	[visipiskɔ 'ɕmetʃi]

orelhão (m)	budka (ż) telefoniczna	['butka tɛlefɔ'nitʃna]
poste (m) de luz	słup (m) oświetleniowy	[swup ɔɕvetle'nɔvi]
banco (m)	ławka (ż)	['wafka]

polícia (m)	policjant (m)	[pɔ'litsʰjant]
polícia (instituição)	policja (ż)	[pɔ'litsʰja]
mendigo, pedinte (m)	żebrak (m)	['ʒɛbrak]
desabrigado (m)	bezdomny (m)	[bɛz'dɔmni]

54. Instituições urbanas

loja (f)	sklep (m)	[sklep]
drogaria (f)	apteka (ż)	[ap'tɛka]
ótica (f)	optyk (m)	['ɔptik]
centro (m) comercial	centrum (n) handlowe	['tsɛntrum hand'lɔvɛ]
supermercado (m)	supermarket (m)	[supɛr'markɛt]

padaria (f)	sklep (m) z pieczywem	[sklep s pet'ʃivɛm]
padeiro (m)	piekarz (m)	['pekaʃ]
pastelaria (f)	cukiernia (ż)	[tsu'kerɲa]
mercearia (f)	sklep (m) spożywczy	[sklep spɔ'ʒivtʃi]
açougue (m)	sklep (m) mięsny	[sklep 'mensni]

| fruteira (f) | warzywniak (m) | [va'ʒivɲak] |
| mercado (m) | targ (m) | [tark] |

cafeteria (f)	kawiarnia (ż)	[ka'vʲarɲa]
restaurante (m)	restauracja (ż)	[rɛstau'ratsʰja]
bar (m)	piwiarnia (ż)	[pi'vʲarɲa]
pizzaria (f)	pizzeria (ż)	[pi'tserʰja]

salão (m) de cabeleireiro	salon (m) fryzjerski	['salɔn frizʰ'erski]
agência (f) dos correios	poczta (ż)	['pɔtʃta]
lavanderia (f)	pralnia (ż) chemiczna	['praʎɲa hɛ'mitʃna]
estúdio (m) fotográfico	zakład (m) fotograficzny	['zakwat fɔtɔgra'fitʃni]

| sapataria (f) | sklep (m) obuwniczy | [sklep ɔbuv'nitʃi] |
| livraria (f) | księgarnia (ż) | [kɕɛ̃'garɲa] |

loja (f) de artigos esportivos	sklep (m) sportowy	[sklep spɔr'tɔvi]
costureira (m)	reperacja (ż) odzieży	[rɛpɛ'ratsʰja ɔ'dʒeʒi]
aluguel (m) de roupa	wypożyczanie (n) strojów okazjonalnych	[vipɔʒi'tʃane strɔ'juv ɔkaz'ɔ'naʎnih]
videolocadora (f)	wypożyczalnia (ż) filmów	[vipɔʒit'ʃaʎna 'fiʎmuf]

circo (m)	cyrk (m)	[tsirk]
jardim (m) zoológico	zoo (n)	['zɔ:]
cinema (m)	kino (n)	['kinɔ]
museu (m)	muzeum (n)	[mu'zɛum]
biblioteca (f)	biblioteka (ż)	[biblɜ'tɛka]

teatro (m)	teatr (m)	['tɛatr]
ópera (f)	opera (ż)	['ɔpɛra]
boate (casa noturna)	klub nocny (m)	[klyp 'nɔtsni]
cassino (m)	kasyno (n)	[ka'sinɔ]

mesquita (f)	meczet (m)	['mɛtʃɛt]
sinagoga (f)	synagoga (ż)	[sina'gɔga]
catedral (f)	katedra (ż)	[ka'tɛdra]
templo (m)	świątynia (ż)	[ɕfɔ̃'tiɲa]
igreja (f)	kościół (m)	['kɔʃtʃow]

faculdade (f)	instytut (m)	[ins'titut]
universidade (f)	uniwersytet (m)	[uni'vɛrsitɛt]
escola (f)	szkoła (ż)	['ʃkɔwa]

prefeitura (f)	urząd (m) dzielnicowy	['uʒɔ̃d dʒeʎnitsɔvi]
câmara (f) municipal	urząd (m) miasta	['uʒɔ̃t 'mʲasta]
hotel (m)	hotel (m)	['hɔtɛʎ]
banco (m)	bank (m)	[baŋk]

embaixada (f)	ambasada (ż)	[amba'sada]
agência (f) de viagens	agencja (ż) turystyczna	[a'gɛntsʰja turis'titʃna]
agência (f) de informações	informacja (ż)	[infɔr'matsʰja]
casa (f) de câmbio	kantor (m)	['kantɔr]

| metrô (m) | metro (n) | ['mɛtrɔ] |
| hospital (m) | szpital (m) | ['ʃpitaʎ] |

| posto (m) de gasolina | stacja (ż) benzynowa | ['statsʰja bɛnzi'nɔva] |
| parque (m) de estacionamento | parking (m) | ['parkiŋk] |

55. Sinais

letreiro (m)	szyld (m)	[ʃiʎt]
aviso (m)	napis (m)	['napis]
cartaz, pôster (m)	plakat (m)	['pʎakat]
placa (f) de direção	drogowskaz (m)	[drɔ'gɔfskas]
seta (f)	strzałka (ż)	['stʃawka]

aviso (advertência)	ostrzeżenie (n)	[ɔstʃɛ'ʒene]
sinal (m) de aviso	przestroga (ż)	[pʃɛst'rɔga]
avisar, advertir (vt)	ostrzegać	[ɔst'ʃɛgatʃ]

dia (m) de folga	dzień (m) wolny	[dʒɛɲ 'vɔʎni]
horário (~ dos trens, etc.)	rozkład (m) jazdy	['rɔskwad 'jazdi]
horário (m)	godziny (l.mn.) pracy	[gɔ'dʒini 'pratsi]

BEM-VINDOS!	WITAMY!	[vi'tami]
ENTRADA	WEJŚCIE	['vɛjɕtɕe]
SAÍDA	WYJŚCIE	['vijɕtɕe]

EMPURRE	PCHAĆ	[phatɕ]
PUXE	CIĄGNĄĆ	[tɕɔ̃gnɔɲtɕ]
ABERTO	OTWARTE	[ɔt'fartɛ]
FECHADO	ZAMKNIĘTE	[zamk'nentɛ]

| MULHER | DLA PAŃ | [dʎa paɲ] |
| HOMEM | DLA MĘŻCZYZN | [dʎa 'mɛ̃ʒtʂizn] |

DESCONTOS	ZNIŻKI	['zniʃki]
SALDOS, PROMOÇÃO	WYPRZEDAŻ	[vip'ʃɛdaʃ]
NOVIDADE!	NOWOŚĆ!	['nɔvɔɕtɕ]
GRÁTIS	GRATIS	['gratis]

ATENÇÃO!	UWAGA!	[u'vaga]
NÃO HÁ VAGAS	BRAK MIEJSC	[brak mejsts]
RESERVADO	REZERWACJA	[rɛzɛr'vatsʰja]

| ADMINISTRAÇÃO | ADMINISTRACJA | [administ'ratsʰja] |
| SOMENTE PESSOAL AUTORIZADO | WEJŚCIE SŁUŻBOWE | ['vɛjɕtɕe swuʒ'bɔvɛ] |

CUIDADO CÃO FEROZ	UWAGA! ZŁY PIES	[u'vaga zwi pes]
PROIBIDO FUMAR!	ZAKAZ PALENIA!	['zakas pa'leɲa]
NÃO TOCAR	NIE DOTYKAĆ!	[ne dɔ'tikatɕ]

PERIGOSO	NIEBEZPIECZNY	[nebɛs'petʃni]
PERIGO	NIEBEZPIECZEŃSTWO	[nebɛspetʃɛɲstfɔ]
ALTA TENSÃO	WYSOKIE NAPIĘCIE	[visɔke napɛ̃tʃe]
PROIBIDO NADAR	KĄPIEL WZBRONIONA	[kɔmpeʎ vzbrɔnɔ̃a]
COM DEFEITO	NIECZYNNE	[netʃinɛ]

INFLAMÁVEL	ŁATWOPALNE	[vatvɔ'paʎnɛ]
PROIBIDO	ZAKAZ	['zakas]
ENTRADA PROIBIDA	ZAKAZ PRZEJŚCIA	['zakas 'pʃɛjɕtʲa]
CUIDADO TINTA FRESCA	ŚWIEŻO MALOWANE	['ɕfeʒɔ malʒ'vanɛ]

56. Transportes urbanos

ônibus (m)	autobus (m)	[au'tɔbus]
bonde (m) elétrico	tramwaj (m)	['tramvaj]
trólebus (m)	trolejbus (m)	[trɔ'lejbus]
rota (f), itinerário (m)	trasa (ż)	['trasa]
número (m)	numer (m)	['numɛr]

| ir de … (carro, etc.) | jechać w … | ['ehatʃ v] |
| entrar no … | wsiąść | [fɕɔ̃ɕtʃ] |

descer do ...	zsiąść z ...	[zçõctʃ z]
parada (f)	przystanek (m)	[pʃis'tanɛk]
próxima parada (f)	następny przystanek (m)	[nas'tɛ̃pnɨ pʃis'tanɛk]
terminal (m)	stacja (ż) końcowa	['statsʰja kɔɲ'tsova]
horário (m)	rozkład (m) jazdy	['rɔskwad 'jazdɨ]
esperar (vt)	czekać	['tʃɛkatʃ]

passagem (f)	bilet (m)	['bilet]
tarifa (f)	cena (ż) biletu	['tsɛna bi'letu]

bilheteiro (m)	kasjer (m), kasjerka (ż)	['kasʰer], [kasʰ'erka]
controle (m) de passagens	kontrola (ż) biletów	[kɔnt'rɔʎa bi'letɔf]
revisor (m)	kontroler (m) biletów	[kɔnt'rɔler bi'letɔf]

atrasar-se (vr)	spóźniać się	['spuʑnatʃ çɛ̃]
perder (o autocarro, etc.)	spóźnić się	['spuʑnitʃ çɛ̃]
estar com pressa	śpieszyć się	['çpeʃitʃ çɛ̃]

táxi (m)	taksówka (ż)	[tak'sufka]
taxista (m)	taksówkarz (m)	[tak'sufkaʃ]
de táxi (ir ~)	taksówką	[tak'sufkɔ̃]
ponto (m) de táxis	postój (m) taksówek	['pɔstuj tak'suvɛk]
chamar um táxi	wezwać taksówkę	['vɛzvatʃ tak'sufkɛ̃]
pegar um táxi	wziąć taksówkę	[vʑɔ̃tʃ tak'sufkɛ̃]

tráfego (m)	ruch (m) uliczny	[ruh u'litʃnɨ]
engarrafamento (m)	korek (m)	['kɔrɛk]
horas (f pl) de pico	godziny (l.mn.) szczytu	[gɔ'dʑinɨ 'ʃtʃitu]
estacionar (vi)	parkować	[par'kɔvatʃ]
estacionar (vt)	parkować	[par'kɔvatʃ]
parque (m) de estacionamento	parking (m)	['parkiŋk]

metrô (m)	metro (n)	['mɛtrɔ]
estação (f)	stacja (ż)	['statsʰja]
ir de metrô	jechać metrem	['ehatʃ 'mɛtrɛm]
trem (m)	pociąg (m)	['pɔtʃɔ̃k]
estação (f) de trem	dworzec (m)	['dvɔʒɛts]

57. Turismo

monumento (m)	pomnik (m)	['pɔmnik]
fortaleza (f)	twierdza (ż)	['tferdza]
palácio (m)	pałac (m)	['pawats]
castelo (m)	zamek (m)	['zamɛk]
torre (f)	wieża (ż)	['veʒa]
mausoléu (m)	mauzoleum (n)	[mauzɔ'leum]

arquitetura (f)	architektura (ż)	[arhitɛk'tura]
medieval (adj)	średniowieczny	[çrɛdnɔ'vetʃnɨ]
antigo (adj)	zabytkowy	[zabit'kovi]
nacional (adj)	narodowy	[narɔ'dovi]
famoso, conhecido (adj)	znany	['znani]
turista (m)	turysta (m)	[tu'rista]
guia (pessoa)	przewodnik (m)	[pʃɛ'vɔdnik]

excursão (f)	wycieczka (ż)	[vi'tʃetʃka]
mostrar (vt)	pokazywać	[pɔka'zivatʃ]
contar (vt)	opowiadać	[ɔpɔ'vʲadatʃ]

encontrar (vt)	znaleźć	['znalectʃ]
perder-se (vr)	zgubić się	['zgubitʃ ɕɛ̃]
mapa (~ do metrô)	plan (m)	[pʎan]
mapa (~ da cidade)	plan (m)	[pʎan]

lembrança (f), presente (m)	pamiątka (ż)	[pamɔ̃tka]
loja (f) de presentes	sklep (m) z upominkami	[sklep s upɔmi'ŋkami]
tirar fotos, fotografar	robić zdjęcia	['rɔbitʃ 'zdʰɛ̃tʃa]
fotografar-se (vr)	fotografować się	[fɔtɔgra'fɔvatʃ ɕɛ̃]

58. Compras

comprar (vt)	kupować	[ku'pɔvatʃ]
compra (f)	zakup (m)	['zakup]
fazer compras	robić zakupy	['rɔbitʃ za'kupɨ]
compras (f pl)	zakupy (l.mn.)	[za'kupɨ]

| estar aberta (loja) | być czynnym | [bitʃ 'tʃɨɲim] |
| estar fechada | być nieczynnym | [bitʃ net'ʃɨɲim] |

calçado (m)	obuwie (n)	[ɔ'buve]
roupa (f)	odzież (ż)	['ɔdʒeʃ]
cosméticos (m pl)	kosmetyki (l.mn.)	[kɔs'mɛtiki]
alimentos (m pl)	artykuły (l.mn.) spożywcze	[arti'kuwɨ spɔ'ʒiftʃɛ]
presente (m)	prezent (m)	['prɛzɛnt]

| vendedor (m) | ekspedient (m) | [ɛks'pɛdʰent] |
| vendedora (f) | ekspedientka (ż) | [ɛkspedʰ'entka] |

caixa (f)	kasa (ż)	['kasa]
espelho (m)	lustro (n)	['lystrɔ]
balcão (m)	lada (ż)	['ʎada]
provador (m)	przymierzalnia (ż)	[pʃime'ʒaʎɲa]

provar (vt)	przymierzyć	[pʃi'meʒitʃ]
servir (roupa, caber)	pasować	[pa'sɔvatʃ]
gostar (apreciar)	podobać się	[pɔ'dɔbatʃ ɕɛ̃]

preço (m)	cena (ż)	['tsɛna]
etiqueta (f) de preço	metka (ż)	['mɛtka]
custar (vt)	kosztować	[kɔʃ'tɔvatʃ]
Quanto?	Ile kosztuje?	['ile kɔʃ'tue]
desconto (m)	zniżka (ż)	['zniʃka]

não caro (adj)	niedrogi	[ned'rɔgi]
barato (adj)	tani	['tani]
caro (adj)	drogi	['drɔgi]
É caro	To dużo kosztuje	[tɔ 'duʒɔ kɔʃ'tue]
aluguel (m)	wypożyczalnia (ż)	[vipɔʒit'ʃaʎɲa]
alugar (roupas, etc.)	wypożyczyć	[vipɔ'ʒitʃitʃ]

| crédito (m) | kredyt (m) | ['krɛdit] |
| a crédito | na kredyt | [na 'krɛdit] |

59. Dinheiro

dinheiro (m)	pieniądze (l.mn.)	[penɔ̃dzɛ]
câmbio (m)	wymiana (ż)	[vɨ'mʲana]
taxa (f) de câmbio	kurs (m)	[kurs]
caixa (m) eletrônico	bankomat (m)	[ba'ŋkɔmat]
moeda (f)	moneta (ż)	[mɔ'nɛta]

| dólar (m) | dolar (m) | ['dɔʎar] |
| euro (m) | euro (m) | ['ɛurɔ] |

lira (f)	lir (m)	[lir]
marco (m)	marka (ż)	['marka]
franco (m)	frank (m)	[fraŋk]
libra (f) esterlina	funt szterling (m)	[funt 'ʃtɛrliŋk]
iene (m)	jen (m)	[en]

dívida (f)	dług (m)	[dwuk]
devedor (m)	dłużnik (m)	['dwuʒnik]
emprestar (vt)	pożyczyć	[pɔ'ʒiʧiʧ]
pedir emprestado	pożyczyć od ...	[pɔ'ʒiʧiʧ ɔt]

banco (m)	bank (m)	[baŋk]
conta (f)	konto (n)	['kɔntɔ]
depositar na conta	wpłacić na konto	['vpwaʧiʧ na 'kɔntɔ]
sacar (vt)	podjąć z konta	['pɔdⁿɔ̃ʧ s 'kɔnta]

cartão (m) de crédito	karta (ż) kredytowa	['karta krɛdi'tɔva]
dinheiro (m) vivo	gotówka (ż)	[gɔ'tufka]
cheque (m)	czek (m)	[ʧɛk]
passar um cheque	wystawić czek	[vis'taviʧ ʧɛk]
talão (m) de cheques	książeczka (ż) czekowa	[kɕɔ̃'ʒɛʧka ʧɛ'kɔva]

carteira (f)	portfel (m)	['pɔrtfɛʎ]
niqueleira (f)	portmonetka (ż)	[pɔrtmɔ'nɛtka]
cofre (m)	sejf (m)	[sɛjf]

herdeiro (m)	spadkobierca (m)	[spatkɔ'berʦa]
herança (f)	spadek (m)	['spadɛk]
fortuna (riqueza)	majątek (m)	[maɔ̃tɛk]

arrendamento (m)	dzierżawa (ż)	[dʒer'ʒava]
aluguel (pagar o ~)	czynsz (m)	[ʧɨnʃ]
alugar (vt)	wynajmować	[vinaj'mɔvaʧ]

preço (m)	cena (ż)	['ʦɛna]
custo (m)	wartość (ż)	['vartɔɕʧ]
soma (f)	suma (ż)	['suma]

| gastar (vt) | wydawać | [vi'davaʧ] |
| gastos (m pl) | wydatki (l.mn.) | [vi'datki] |

| economizar (vi) | oszczędzać | [ɔʃ'ʃɛndzaʧ] |
| econômico (adj) | ekonomiczny | [ɛkɔnɔ'miʧni] |

pagar (vt)	płacić	['pwaʧiʧ]
pagamento (m)	opłata (ż)	[ɔp'wata]
troco (m)	reszta (ż)	['rɛʃta]

imposto (m)	podatek (m)	[pɔ'datɛk]
multa (f)	kara (ż)	['kara]
multar (vt)	karać grzywną	['karaʧ 'gʒivnõ]

60. Correios. Serviço postal

agência (f) dos correios	poczta (ż)	['pɔʧta]
correio (m)	poczta (ż)	['pɔʧta]
carteiro (m)	listonosz (m)	[lis'tɔnɔʃ]
horário (m)	godziny (l.mn.) pracy	[gɔ'dʒini 'praʦi]

carta (f)	list (m)	[list]
carta (f) registada	list (m) polecony	[list pɔle'ʦɔni]
cartão (m) postal	pocztówka (ż)	[pɔʧ'tufka]
telegrama (m)	telegram (m)	[tɛ'legram]
encomenda (f)	paczka (ż)	['paʧka]
transferência (f) de dinheiro	przekaz (m) pieniężny	['pʃɛkas pe'nenʒni]

receber (vt)	odebrać	[ɔ'dɛbraʧ]
enviar (vt)	wysłać	['viswaʧ]
envio (m)	wysłanie (n)	[vis'wane]

endereço (m)	adres (m)	['adrɛs]
código (m) postal	kod (m) pocztowy	[kɔt pɔʧ'tɔvi]
remetente (m)	nadawca (m)	[na'dafʦa]
destinatário (m)	odbiorca (m)	[ɔd'bɜrʦa]

| nome (m) | imię (n) | ['imɛ̃] |
| sobrenome (m) | nazwisko (n) | [naz'viskɔ] |

tarifa (f)	taryfa (ż)	[ta'rifa]
ordinário (adj)	zwykła	['zvikwa]
econômico (adj)	oszczędna	[ɔʃ'ʃɛndna]

peso (m)	ciężar (m)	['ʧenʒar]
pesar (estabelecer o peso)	ważyć	['vaʒiʧ]
envelope (m)	koperta (ż)	[kɔ'pɛrta]
selo (m) postal	znaczek (m)	['znaʧɛk]
colar o selo	naklejać znaczek	[nak'lejaʧ 'znaʧɛk]

Moradia. Casa. Lar

61. Casa. Eletricidade

eletricidade (f)	elektryczność (ż)	[ɛlekt'ritʃnɔçtʃ]
lâmpada (f)	żarówka (ż)	[ʒa'rufka]
interruptor (m)	wyłącznik (m)	[vɨ'wɔtʃnik]
fusível, disjuntor (m)	korki (l.mn.)	['kɔrki]

fio, cabo (m)	przewód (m)	['pʃɛvut]
instalação (f) elétrica	instalacja (ż) elektryczna	[insta'ʎatsʰja ɛlekt'ritʃna]
medidor (m) de eletricidade	licznik (m) prądu	['litʃnik 'prɔ̃du]
indicação (f), registro (m)	odczyt (m)	['ɔdtʃit]

62. Moradia. Mansão

casa (f) de campo	dom (m) za miastem	[dɔm za 'mʲastɛm]
vila (f)	willa (ż)	['viʎa]
ala (~ do edifício)	skrzydło (n)	['skʃidwɔ]

jardim (m)	ogród (m)	['ɔgrut]
parque (m)	park (m)	[park]
estufa (f)	szklarnia (ż)	['ʃkʎarɲa]
cuidar de ...	pielęgnować	[pelɛ̃g'nɔvatʃ]

piscina (f)	basen (m)	['basɛn]
academia (f) de ginástica	sala (ż) gimnastyczna	['saʎa gimnas'titʃna]
quadra (f) de tênis	kort (m) tenisowy	[kɔrt tɛni'sɔvi]
cinema (m)	pokój TV (m)	['pɔkɔj tɛ 'fau]
garagem (f)	garaż (m)	['garaʃ]

propriedade (f) privada	własność (ż) prywatna	['vwasnɔçtʃ pri'vatna]
terreno (m) privado	posesja (ż) prywatna	[po'sɛsʰja pri'vatna]

advertência (f)	ostrzeżenie (n)	[ɔstʃɛ'ʒene]
sinal (m) de aviso	tabliczka (ż) ostrzegawcza	[tab'litʃka ɔstʃɛ'gaftʃa]

guarda (f)	ochrona (ż)	[ɔh'rɔna]
guarda (m)	ochroniarz (m)	[ɔh'rɔɲaʃ]
alarme (m)	alarm (m)	['aʎarm]

63. Apartamento

apartamento (m)	mieszkanie (n)	[meʃ'kane]
quarto, cômodo (m)	pokój (m)	['pɔkuj]
quarto (m) de dormir	sypialnia (ż)	[sɨ'pʲaʎɲa]

sala (f) de jantar	jadalnia (ż)	[ja'daʎna]
sala (f) de estar	salon (m)	['salɜn]
escritório (m)	gabinet (m)	[ga'binɛt]

sala (f) de entrada	przedpokój (m)	[pʃɛt'pɔkuj]
banheiro (m)	łazienka (ż)	[wa'ʒeŋka]
lavabo (m)	toaleta (ż)	[tɔa'leta]

teto (m)	sufit (m)	['sufit]
chão, piso (m)	podłoga (ż)	[pɔd'wɔga]
canto (m)	kąt (m)	[kɔ̃t]

64. Mobiliário. Interior

mobiliário (m)	meble (l.mn.)	['mɛble]
mesa (f)	stół (m)	[stɔw]
cadeira (f)	krzesło (n)	['kʃɛswɔ]
cama (f)	łóżko (n)	['wuʃkɔ]

sofá, divã (m)	kanapa (ż)	[ka'napa]
poltrona (f)	fotel (m)	['fɔtɛʎ]

estante (f)	biblioteczka (ż)	[bibʎjo'tɛtʃka]
prateleira (f)	półka (ż)	['puwka]

guarda-roupas (m)	szafa (ż) ubraniowa	['ʃafa ubra'nɔva]
cabide (m) de parede	wieszak (m)	['veʃak]
cabideiro (m) de pé	wieszak (m)	['veʃak]

cômoda (f)	komoda (ż)	[kɔ'mɔda]
mesinha (f) de centro	stolik (m) kawowy	['stɔlik ka'vɔvi]

espelho (m)	lustro (n)	['lystrɔ]
tapete (m)	dywan (m)	['divan]
tapete (m) pequeno	dywanik (m)	[di'vanik]

lareira (f)	kominek (m)	[kɔ'minɛk]
vela (f)	świeca (ż)	['ɕfetsa]
castiçal (m)	świecznik (m)	['ɕfetʃnik]

cortinas (f pl)	zasłony (l.mn.)	[zas'wɔni]
papel (m) de parede	tapety (l.mn.)	[ta'pɛti]
persianas (f pl)	żaluzje (l.mn.)	[ʒa'lyzʰe]

luminária (f) de mesa	lampka (ż) na stół	['ʎampka na stɔw]
luminária (f) de parede	lampka (ż)	['ʎampka]

abajur (m) de pé	lampa (ż) stojąca	['ʎampa stɔ̈tsa]
lustre (m)	żyrandol (m)	[ʒi'randɔʎ]

pé (de mesa, etc.)	noga (ż)	['nɔga]
braço, descanso (m)	poręcz (ż)	['pɔrɛ̃tʃ]
costas (f pl)	oparcie (n)	[ɔ'partʃe]
gaveta (f)	szuflada (ż)	[ʃuf'ʎada]

65. Quarto de dormir

roupa (f) de cama	pościel (ż)	['pɔɕtʃeʎ]
travesseiro (m)	poduszka (ż)	[pɔ'duʃka]
fronha (f)	poszewka (ż)	[pɔ'ʃɛfka]
cobertor (m)	kołdra (ż)	['kɔwdra]
lençol (m)	prześcieradło (n)	[pʃɛɕtʃe'radwɔ]
colcha (f)	narzuta (ż)	[na'ʒuta]

66. Cozinha

cozinha (f)	kuchnia (ż)	['kuhɲa]
gás (m)	gaz (m)	[gas]
fogão (m) a gás	kuchenka (ż) gazowa	[ku'hɛŋka ga'zɔva]
fogão (m) elétrico	kuchenka (ż) elektryczna	[ku'hɛŋka ɛlekt'ritʃna]
forno (m)	piekarnik (m)	[pe'karnik]
forno (m) de micro-ondas	mikrofalówka (ż)	[mikrɔfa'lyfka]

geladeira (f)	lodówka (ż)	[lɔ'dufka]
congelador (m)	zamrażarka (ż)	[zamra'ʒarka]
máquina (f) de lavar louça	zmywarka (ż) do naczyń	[zmɨ'varka dɔ 'natʃiɲ]

moedor (m) de carne	maszynka (ż) do mięsa	[ma'ʃiŋka dɔ 'mensa]
espremedor (m)	sokowirówka (ż)	[sɔkɔvi'rufka]
torradeira (f)	toster (m)	['tɔstɛr]
batedeira (f)	mikser (m)	['miksɛr]

máquina (f) de café	ekspres (m) do kawy	['ɛksprɛs dɔ 'kavɨ]
cafeteira (f)	dzbanek (m) do kawy	['dzbanɛk dɔ 'kavɨ]
moedor (m) de café	młynek (m) do kawy	['mwinɛk dɔ 'kavɨ]

chaleira (f)	czajnik (m)	['tʃajnik]
bule (m)	czajniczek (m)	[tʃaj'nitʃɛk]
tampa (f)	pokrywka (ż)	[pɔk'rifka]
coador (m) de chá	sitko (n)	['ɕitkɔ]

colher (f)	łyżka (ż)	['wiʃka]
colher (f) de chá	łyżeczka (ż)	[wi'ʒɛtʃka]
colher (f) de sopa	łyżka (ż) stołowa	['wiʃka stɔ'wɔva]
garfo (m)	widelec (m)	[vi'dɛlets]
faca (f)	nóż (m)	[nuʃ]

louça (f)	naczynia (l.mn.)	[nat'ʃiɲa]
prato (m)	talerz (m)	['taleʃ]
pires (m)	spodek (m)	['spɔdɛk]

cálice (m)	kieliszek (m)	[ke'liʃɛk]
copo (m)	szklanka (ż)	['ʃkʎaŋka]
xícara (f)	filiżanka (ż)	[fili'ʒaŋka]

açucareiro (m)	cukiernica (ż)	[tsuker'nitsa]
saleiro (m)	solniczka (ż)	[sɔʎ'nitʃka]
pimenteiro (m)	pieprzniczka (ż)	[pepʃ'nitʃka]

manteigueira (f)	maselniczka (ż)	[masɛʎ'niʧka]
panela (f)	garnek (m)	['garnɛk]
frigideira (f)	patelnia (ż)	[pa'tɛʎna]
concha (f)	łyżka (ż) wazowa	['wiʃka va'zɔva]
coador (m)	durszlak (m)	['durʃʎak]
bandeja (f)	taca (ż)	['taʦa]

garrafa (f)	butelka (ż)	[bu'tɛʎka]
pote (m) de vidro	słoik (m)	['swɔik]
lata (~ de cerveja)	puszka (ż)	['puʃka]

abridor (m) de garrafa	otwieracz (m) do butelek	[ɔt'feraʧ dɛ bu'tɛlek]
abridor (m) de latas	otwieracz (m) do puszek	[ɔt'feraʧ dɛ 'puʃɛk]
saca-rolhas (m)	korkociąg (m)	[kɔr'kɔʧõk]
filtro (m)	filtr (m)	[fiʎtr]
filtrar (vt)	filtrować	[fiʎt'rɔvaʧ]

| lixo (m) | odpadki (l.mn.) | [ɔt'patki] |
| lixeira (f) | kosz (m) na śmieci | [kɔʃ na 'ɕmeʧi] |

67. Casa de banho

banheiro (m)	łazienka (ż)	[wa'ʒeŋka]
água (f)	woda (ż)	['vɔda]
torneira (f)	kran (m)	[kran]
água (f) quente	gorąca woda (ż)	[gɔ'rõʦa 'vɔda]
água (f) fria	zimna woda (ż)	['ʒimna 'vɔda]

| pasta (f) de dente | pasta (ż) do zębów | ['pasta dɔ 'zɛ̃buf] |
| escovar os dentes | myć zęby | [miʧ 'zɛ̃bi] |

barbear-se (vr)	golić się	['gɔliʧ ɕɛ̃]
espuma (f) de barbear	pianka (ż) do golenia	['pʲaŋka dɔ gɔ'leɲa]
gilete (f)	maszynka (ż) do golenia	[ma'ʃiŋka dɔ gɔ'leɲa]

lavar (vt)	myć	[miʧ]
tomar banho	myć się	['miʧ ɕɛ̃]
chuveiro (m), ducha (f)	prysznic (m)	['priʃniʦ]
tomar uma ducha	brać prysznic	[braʧ 'priʃniʦ]

banheira (f)	wanna (ż)	['vaɲa]
vaso (m) sanitário	sedes (m)	['sɛdɛs]
pia (f)	zlew (m)	[zlef]

| sabonete (m) | mydło (n) | ['midwɔ] |
| saboneteira (f) | mydelniczka (ż) | [midɛʎ'niʧka] |

esponja (f)	gąbka (ż)	['gõpka]
xampu (m)	szampon (m)	['ʃampɔn]
toalha (f)	ręcznik (m)	['rɛnʧnik]
roupão (m) de banho	szlafrok (m)	['ʃʎafrɔk]

| lavagem (f) | pranie (n) | ['prane] |
| lavadora (f) de roupas | pralka (ż) | ['praʎka] |

| lavar a roupa | prać | [prat͡ʃ] |
| detergente (m) | proszek (m) do prania | ['prɔʃɛk dɔ 'praɲa] |

68. Eletrodomésticos

televisor (m)	telewizor (m)	[tɛle'vizɔr]
gravador (m)	magnetofon (m)	[magnɛ'tɔfɔn]
videogravador (m)	magnetowid (m)	[magnɛ'tɔvid]
rádio (m)	odbiornik (m)	[ɔd'bɜrnik]
leitor (m)	odtwarzacz (m)	[ɔtt'vaʒat͡ʃ]

projetor (m)	projektor (m) wideo	[prɔ'ektɔr vi'dɛɔ]
cinema (m) em casa	kino (n) domowe	['kinɔ dɔ'mɔvɛ]
DVD Player (m)	odtwarzacz DVD (m)	[ɔtt'vaʒat͡ʃ di vi di]
amplificador (m)	wzmacniacz (m)	['vzmat͡sɲat͡ʃ]
console (f) de jogos	konsola (ż) do gier	[kɔn'sɔʎa dɔ ger]

câmera (f) de vídeo	kamera (ż) wideo	[ka'mɛra vi'dɛɔ]
máquina (f) fotográfica	aparat (m) fotograficzny	[a'parat fɔtɔgra'fit͡ʃni]
câmera (f) digital	aparat (m) cyfrowy	[a'parat t͡sif'rɔvi]

aspirador (m)	odkurzacz (m)	[ɔt'kuʒat͡ʃ]
ferro (m) de passar	żelazko (n)	[ʒɛ'ʎaskɔ]
tábua (f) de passar	deska (ż) do prasowania	['dɛska dɔ prasɔ'vaɲa]

telefone (m)	telefon (m)	[tɛ'lefɔn]
celular (m)	telefon (m) komórkowy	[tɛ'lefɔn kɔmur'kɔvi]
máquina (f) de escrever	maszyna (ż) do pisania	[ma'ʃina dɔ pi'saɲa]
máquina (f) de costura	maszyna (ż) do szycia	[ma'ʃina dɔ 'ʃit͡ʃa]

microfone (m)	mikrofon (m)	[mik'rɔfɔn]
fone (m) de ouvido	słuchawki (l.mn.)	[swu'hafki]
controle remoto (m)	pilot (m)	['pilɔt]

CD (m)	płyta CD (ż)	['pwita si'di]
fita (f) cassete	kaseta (ż)	[ka'sɛta]
disco (m) de vinil	płyta (ż)	['pwita]

ATIVIDADES HUMANAS

Emprego. Negócios. Parte 1

69. Escritório. O trabalho no escritório

escritório (~ de advogados)	biuro (n)	['byrɔ]
escritório (do diretor, etc.)	biuro (n)	['byrɔ]
secretário (m)	sekretarka (ż)	[sɛkrɛ'tarka]
diretor (m)	dyrektor (m)	[di'rɛktɔr]
gerente (m)	menedżer (m)	[mɛ'nɛdʒɛr]
contador (m)	księgowy (m)	[kɕɛ̃'gɔvi]
empregado (m)	pracownik (ż)	[pra'tsɔvnik]
mobiliário (m)	meble (l.mn.)	['mɛble]
mesa (f)	biurko (n)	['byrkɔ]
cadeira (f)	fotel (m)	['fɔtɛʎ]
gaveteiro (m)	kontener (m)	[kɔn'tɛnɛr]
cabideiro (m) de pé	wieszak (m)	['vɛʃak]
computador (m)	komputer (m)	[kɔm'putɛr]
impressora (f)	drukarka (ż)	[dru'karka]
fax (m)	faks (m)	[faks]
fotocopiadora (f)	kserokopiarka (ż)	[ksɛrɔkɔ'pʲarka]
papel (m)	papier (m)	['paper]
artigos (m pl) de escritório	materiały (l.mn.) biurowe	[matɛrʲ'jawɨ by'rɔvɛ]
tapete (m) para mouse	podkładka (ż) pod myszkę	[pɔtk'watka pɔd 'miʃkɛ]
folha (f)	kartka (ż)	['kartka]
pasta (f)	teczka (ż)	['tɛtʃka]
catálogo (m)	katalog (m)	[ka'talɔk]
lista (f) telefônica	informator (m)	[infɔr'matɔr]
documentação (f)	dokumentacja (ż)	[dɔkumɛn'tatsʰja]
brochura (f)	broszura (ż)	[brɔ'ʃura]
panfleto (m)	ulotka (ż)	[u'lɔtka]
amostra (f)	próbka (ż)	['prɔbka]
formação (f)	szkolenie (n)	[ʃkɔ'lene]
reunião (f)	narada (ż)	[na'rada]
hora (f) de almoço	przerwa (ż) obiadowa	['pʃɛrva ɔbʲa'dɔva]
fazer uma cópia	kopiować	[kɔ'pʲɔvatʃ]
tirar cópias	skopiować	[skɔ'pʲɔvatʃ]
receber um fax	dostawać faks	[dɔs'tavatʃ 'faks]
enviar um fax	wysyłać faks	[vɨ'siwatʃ faks]
fazer uma chamada	zadzwonić	[zadz'vɔnitʃ]
responder (vt)	odpowiedzieć	[ɔtpɔ'vedzetʃ]

passar (vt)	połączyć	[pɔ'wõtʃitʃ]
marcar (vt)	umówić	[u'muvitʃ]
demonstrar (vt)	przedstawiać	[pʃɛts'tavʲatʃ]
estar ausente	być nieobecnym	[bitʃ nɛɔ'bɛtsnim]
ausência (f)	nieobecność (ż)	[nɛɔ'bɛtsnɔɕtʃ]

70. Processos negociais. Parte 1

ocupação (f)	zajęcie (n)	[za'ɛ̃tʃɛ]
firma, empresa (f)	firma (ż)	['firma]
companhia (f)	spółka (ż)	['spuwka]
corporação (f)	korporacja (ż)	[kɔrpɔ'ratsʲja]
empresa (f)	przedsiębiorstwo (n)	[pʃɛtɕɛ̃'bɔrstfɔ]
agência (f)	agencja (ż)	[a'gɛntsʲja]
acordo (documento)	umowa (ż)	[u'mɔva]
contrato (m)	kontrakt (m)	['kɔntrakt]
acordo (transação)	umowa (ż)	[u'mɔva]
pedido (m)	zamówienie (n)	[zamu'vene]
termos (m pl)	warunek (m)	[va'runɛk]
por atacado	hurtem	['hurtɛm]
por atacado (adj)	hurtowy	[hur'tɔvi]
venda (f) por atacado	sprzedaż (ż) hurtowa	['spʃɛdaʃ hur'tɔva]
a varejo	detaliczny	[dɛta'litʃni]
venda (f) a varejo	sprzedaż (ż) detaliczna	['spʃɛdaʃ dɛta'litʃna]
concorrente (m)	konkurent (m)	[kɔ'ŋkurɛnt]
concorrência (f)	konkurencja (ż)	[kɔŋku'rɛntsʲja]
competir (vi)	konkurować	[kɔŋku'rɔvatʃ]
sócio (m)	wspólnik (m)	['fspɔʎnik]
parceria (f)	partnerstwo (n)	[part'nɛrstfɔ]
crise (f)	kryzys (m)	['krizis]
falência (f)	bankructwo (n)	[baŋk'rutstfɔ]
entrar em falência	zbankrutować	[zbaŋkru'tɔvatʃ]
dificuldade (f)	trudności (l.mn.)	[trud'nɔɕtʃi]
problema (m)	problem (m)	['prɔblem]
catástrofe (f)	katastrofa (ż)	[katast'rɔfa]
economia (f)	gospodarka (ż)	[gɔspɔ'darka]
econômico (adj)	gospodarczy	[gɔspɔ'dartʃi]
recessão (f) econômica	recesja (ż)	[rɛ'tsɛsʲja]
objetivo (m)	cel (m)	[tsɛʎ]
tarefa (f)	zadanie (n)	[za'dane]
comerciar (vi, vt)	handlować	[hand'lɔvatʃ]
rede (de distribuição)	sieć (ż)	[ɕetʃ]
estoque (m)	skład (m)	[skwat]
sortimento (m)	asortyment (m)	[asɔr'timɛnt]
líder (m)	lider (m)	['lidɛr]
grande (~ empresa)	duży	['duʒi]

monopólio (m)	monopol (m)	[mɔ'nɔpɔʎ]
teoria (f)	teoria (ż)	[tɛ'ɔrʰja]
prática (f)	praktyka (ż)	['praktika]
experiência (f)	doświadczenie (n)	[dɔɕvʲatt'ʃɛne]
tendência (f)	tendencja (ż)	[tɛn'dɛntsʰja]
desenvolvimento (m)	rozwój (m)	['rɔzvuj]

71. Processos negociais. Parte 2

rentabilidade (f)	korzyści (l.mn.)	[kɔ'ʑiɕtʃi]
rentável (adj)	korzystny	[kɔ'ʑistni]
delegação (f)	delegacja (ż)	[dɛle'gatsʰja]
salário, ordenado (m)	pensja (ż)	['pɛnsʰja]
corrigir (~ um erro)	naprawiać	[nap'ravʲatʃ]
viagem (f) de negócios	wyjazd (m) służbowy	['vʲjast swuʒ'bɔvi]
comissão (f)	komisja (ż)	[kɔ'misʰja]
controlar (vt)	kontrolować	[kɔntrɔ'lɔvatʃ]
conferência (f)	konferencja (ż)	[kɔnfɛ'rɛntsʰja]
licença (f)	licencja (ż)	[li'tsɛntsʰja]
confiável (adj)	pewny	['pɛvni]
empreendimento (m)	przedsięwzięcie (n)	[pʃɛdɕenv'ʒentʃe]
norma (f)	norma (ż)	['nɔrma]
circunstância (f)	okoliczność (ż)	[ɔkɔ'litʃnɔɕtʃ]
dever (do empregado)	obowiązek (m)	[ɔbɔvɔ̃zɛk]
empresa (f)	organizacja (m)	[ɔrgani'zatsja]
organização (f)	organizacja (m)	[ɔrgani'zatsja]
organizado (adj)	zorganizowany	[zɔrganizɔ'vani]
anulação (f)	odwołanie (n)	[ɔdvɔ'wane]
anular, cancelar (vt)	odwołać	[ɔd'vɔwatʃ]
relatório (m)	sprawozdanie (n)	[spravɔz'dane]
patente (f)	patent (m)	['patɛnt]
patentear (vt)	opatentować	[ɔpatɛn'tɔvatʃ]
planejar (vt)	planować	[pʎa'nɔvatʃ]
bônus (m)	premia (ż)	['prɛmʰja]
profissional (adj)	profesjonalny	[prɔfɛsʰɔ'naʎni]
procedimento (m)	procedura (ż)	[prɔtsɛ'dura]
examinar (~ a questão)	rozpatrzyć	[rɔs'patʃitʃ]
cálculo (m)	wyliczenie (n)	[vili'tʃenie]
reputação (f)	reputacja (ż)	[rɛpu'tatsʰja]
risco (m)	ryzyko (n)	['riziko]
dirigir (~ uma empresa)	kierować	[ke'rɔvatʃ]
informação (f)	wiadomości (l.mn.)	[vʲadɔ'mɔɕtʃi]
propriedade (f)	własność (ż)	['vwasnɔɕtʃ]
união (f)	związek (m)	[zvɔ̃zɛk]
seguro (m) de vida	ubezpieczenie (n) na życie	[ubɛspet'ʃene na 'ʒitʃe]
fazer um seguro	ubezpieczać	[ubɛs'petʃatʃ]

seguro (m)	ubezpieczenie (n)	[ubɛspet'ʃɛnɛ]
leilão (m)	przetarg (m)	['pʃɛtark]
notificar (vt)	powiadomić	[pɔvʲa'dɔmitʃ]
gestão (f)	zarządzanie (n)	[zaʒɔ̃'dzanɛ]
serviço (indústria de ~s)	usługa (ż)	[us'wuga]

fórum (m)	forum (n)	['fɔrum]
funcionar (vi)	funkcjonować	[fuŋktsʰɜ'nɔvatʃ]
estágio (m)	etap (m)	['ɛtap]
jurídico, legal (adj)	prawny	['pravnɨ]
advogado (m)	prawnik (m)	['pravnik]

72. Produção. Trabalhos

usina (f)	zakład (m)	['zakwat]
fábrica (f)	fabryka (ż)	['fabrika]
oficina (f)	cech (m)	[tsɛh]
local (m) de produção	zakład (m)	['zakwat]

indústria (f)	przemysł (m)	['pʃɛmisw]
industrial (adj)	przemysłowy	[pʃɛmis'wɔvi]
indústria (f) pesada	przemysł (m) ciężki	['pʃɛmisw 'tʃɛnʃki]
indústria (f) ligeira	przemysł (m) lekki	['pʃɛmisw 'lekki]

produção (f)	produkcja (ż)	[prɔ'duktsʰja]
produzir (vt)	produkować	[prɔdu'kɔvatʃ]
matérias-primas (f pl)	surowiec (m)	[su'rɔvɛts]

chefe (m) de obras	brygadzista (m)	[briga'dʑista]
equipe (f)	brygada (m)	[bri'gada]
operário (m)	robotnik (m)	[rɔ'bɔtnik]

dia (m) de trabalho	dzień (m) roboczy	[dʑɛɲ rɔ'bɔtʃi]
intervalo (m)	przerwa (ż)	['pʃɛrva]
reunião (f)	zebranie (n)	[zɛb'ranɛ]
discutir (vt)	omawiać	[ɔ'mavʲatʃ]

plano (m)	plan (m)	[pʎan]
cumprir o plano	wykonywać plan	[vɨkɔ'nivatʃ pʎan]
taxa (f) de produção	norma (ż)	['nɔrma]
qualidade (f)	jakość (ż)	['jakɔɕtʃ]
controle (m)	kontrola (ż)	[kɔnt'rɔʎa]
controle (m) da qualidade	kontrola (ż) jakości	[kɔnt'rɔʎa ja'kɔɕtʃi]

segurança (f) no trabalho	bezpieczeństwo (n) pracy	[bɛspet'ʃɛɲstfɔ 'pratsi]
disciplina (f)	dyscyplina (ż)	[distsɨp'lina]
infração (f)	naruszenie (n)	[naru'ʃɛnɛ]
violar (as regras)	naruszać	[na'ruʃatʃ]

greve (f)	strajk (m)	[strajk]
grevista (m)	strajkujący (m)	[strajkuɔ̃tsi]
estar em greve	strajkować	[straj'kɔvatʃ]
sindicato (m)	związek (m) zawodowy	[zvɔ̃zɛk zavɔ'dɔvɨ]
inventar (vt)	wynalazać	[vɨna'ʎazatʃ]

invenção (f)	wynalazek (m)	[vina'ʎazɛk]
pesquisa (f)	badanie (ż)	[ba'dane]
melhorar (vt)	udoskonalać	[udɔskɔ'naʎatʃ]
tecnologia (f)	technologia (ż)	[tɛhnɔ'lɔgʰja]
desenho (m) técnico	rysunek (m) techniczny	[ri'sunɛk tɛh'nitʃnɛ]

carga (f)	ładunek (m)	[wa'dunɛk]
carregador (m)	ładowacz (m)	[wa'dɔvatʃ]
carregar (o caminhão, etc.)	ładować	[wa'dɔvatʃ]
carregamento (m)	załadunek (m)	[zawa'dunɛk]

descarregar (vt)	rozładowywać	[rɔzwadɔ'vivatʃ]
descarga (f)	rozładunek (m)	[rɔzwa'dunɛk]

transporte (m)	transport (m)	['transpɔrt]
companhia (f) de transporte	firma (ż) transportowa	['firma transpɔr'tɔva]
transportar (vt)	przewozić	[pʃɛ'vɔʑitʃ]

vagão (m) de carga	wagon (m) towarowy	['vagɔn tɔva'rɔvi]
tanque (m)	cysterna (ż)	[tsis'tɛrna]
caminhão (m)	ciężarówka (ż)	[tʃɛ̃ʒa'rufka]

máquina (f) operatriz	obrabiarka (ż)	[ɔbra'bʲarka]
mecanismo (m)	mechanizm (m)	[mɛ'hanizm]

resíduos (m pl) industriais	odpady (l.mn.)	[ɔt'padɨ]
embalagem (f)	pakowanie (n)	[pakɔ'vane]
embalar (vt)	zapakować	[zapa'kɔvatʃ]

73. Contrato. Acordo

contrato (m)	kontrakt (m)	['kɔntrakt]
acordo (m)	umowa (ż)	[u'mɔva]
adendo, anexo (m)	załącznik (m)	[za'wɔ̃tʃnik]

assinar o contrato	zawrzeć kontrakt	['zavʒɛtʃ 'kɔntrakt]
assinatura (f)	podpis (m)	['pɔdpis]

assinar (vt)	podpisać	[pɔd'pisatʃ]
carimbo (m)	pieczęć (ż)	[pet'ʃɛ̃tʃ]

objeto (m) do contrato	przedmiot (m) umowy	['pʃɛdmɔt u'mɔvɨ]
cláusula (f)	punkt (m)	[puŋkt]

partes (f pl)	strony (l.mn.)	['strɔnɨ]
domicílio (m) legal	adres (m) prawny	['adrɛs 'pravnɨ]

violar o contrato	naruszyć kontrakt	[na'ruʃitʃ 'kɔntrakt]
obrigação (f)	zobowiązanie (n)	[zɔbɔvɔ̃'zane]

responsabilidade (f)	odpowiedzialność (ż)	[ɔtpɔve'dʑaʎnɔɕtʃ]
força (f) maior	siła (ż) wyższa	['ɕiwa 'viʃa]
litígio (m), disputa (f)	spór (m)	[spur]
multas (f pl)	sankcje (l.mn.) karne	['saŋktsʰe 'karnɛ]

74. Importação & Exportação

importação (f)	import (m)	['impɔrt]
importador (m)	importer (m)	[im'pɔrtɛr]
importar (vt)	importować	[impɔr'tɔvatʃ]
de importação	importowany	[impɔrtɔ'vaɲi]
exportador (m)	eksporter (m)	[ɛks'pɔrtɛr]
exportar (vt)	eksportować	[ɛkspɔr'tɔvatʃ]
mercadoria (f)	towar (m)	['tɔvar]
lote (de mercadorias)	partia (ż) towaru	['partʰja tɔ'varu]
peso (m)	waga (ż)	['vaga]
volume (m)	objętość (ż)	[ɔbʰ'entɔɕtʃ]
metro (m) cúbico	metr (m) sześcienny	[mɛtr ʃɛɕ'tʃeɲi]
produtor (m)	producent (m)	[prɔ'dutsɛnt]
companhia (f) de transporte	firma (ż) transportowa	['firma transpɔr'tɔva]
contêiner (m)	kontener (m)	[kɔn'tɛnɛr]
fronteira (f)	granica (ż)	[gra'nitsa]
alfândega (f)	urząd (m) celny	['uʒõt 'tsɛʎɲi]
taxa (f) alfandegária	cło (n)	[tswɔ]
funcionário (m) da alfândega	celnik (m)	['tsɛʎɲik]
contrabando (atividade)	przemyt (m)	['pʃɛmit]
contrabando (produtos)	kontrabanda (ż)	[kɔntra'banda]

75. Finanças

ação (f)	akcja (ż)	['aktsʰja]
obrigação (f)	obligacja (ż)	[ɔbli'gatsʰja]
nota (f) promissória	weksel (m)	['vɛksɛʎ]
bolsa (f) de valores	giełda (ż) finansowa	['gewda finan'sɔva]
cotação (m) das ações	notowania (l.mn.) akcji	[nɔtɔ'vaɲa 'aktsʰi]
tornar-se mais barato	stanieć	['staɲetʃ]
tornar-se mais caro	zdrożeć	['zdrɔʒɛtʃ]
parte (f)	udział (m)	['udʒʲaw]
participação (f) majoritária	pakiet (m) kontrolny	['paket kɔnt'rɔʎɲi]
investimento (m)	inwestycje (l.mn.)	[invɛs'titsʰe]
investir (vt)	inwestować	[invɛs'tɔvatʃ]
porcentagem (f)	procent (m)	['prɔtsɛnt]
juros (m pl)	procenty (l.mn.)	[prɔ'tsɛnti]
lucro (m)	zysk (m)	[zisk]
lucrativo (adj)	dochodowy	[dɔhɔ'dɔvi]
imposto (m)	podatek (m)	[pɔ'datɛk]
divisa (f)	waluta (ż)	[va'lyta]
nacional (adj)	narodowy	[narɔ'dɔvi]

câmbio (m)	wymiana (ż)	[vi'miana]
contador (m)	księgowy (m)	[kɕɛ̃'gɔvi]
contabilidade (f)	księgowość (ż)	[kɕɛ̃'gɔvɔɕtʃ]

falência (f)	bankructwo (n)	[baŋk'rutstfɔ]
falência, quebra (f)	krach (m)	[krah]
ruína (f)	upadłość (ż)	[u'padwɔɕtʃ]
estar quebrado	rujnować się	[rui'nɔvatʃ ɕɛ̃]
inflação (f)	inflacja (ż)	[inf'ʎatsʰja]
desvalorização (f)	dewaluacja (ż)	[dɛvaly'atsʰja]

capital (m)	kapitał (m)	[ka'pitaw]
rendimento (m)	dochód (m)	['dɔhut]
volume (m) de negócios	obrót (m)	['ɔbrut]
recursos (m pl)	zasoby (l.mn.)	[za'sɔbi]
recursos (m pl) financeiros	środki (l.mn.) pieniężne	['ɕrɔtki pe'nenʒnɛ]
reduzir (vt)	obniżyć	[ɔb'niʒitʃ]

76. Marketing

marketing (m)	marketing (m)	[mar'kɛtiŋk]
mercado (m)	rynek (m)	['rinɛk]
segmento (m) do mercado	segment (m) rynku	['sɛgmɛnt 'riŋku]
produto (m)	produkt (m)	['prɔdukt]
mercadoria (f)	towar (m)	['tɔvar]

marca (f) registrada	marka (ż) handlowa	['marka hand'lɔva]
logotipo (m)	znak (m) firmowy	[znak fir'mɔvi]
logo (m)	logo (n)	['lɔgɔ]

demanda (f)	popyt (m)	['pɔpit]
oferta (f)	podaż (ż)	['pɔdaʃ]
necessidade (f)	potrzeba (ż)	[pɔt'ʃɛba]
consumidor (m)	konsument (m)	[kɔn'sumɛnt]

análise (f)	analiza (ż)	[ana'liza]
analisar (vt)	analizować	[anali'zɔvatʃ]
posicionamento (m)	pozycjonowanie (n)	[pɔzitsʰɔnɔ'vane]
posicionar (vt)	pozycjonować	[pɔzitsʰɔ'nɔvatʃ]

preço (m)	cena (ż)	['tsɛna]
política (f) de preços	polityka (ż) cenowa	[pɔ'litika tsɛ'nɔva]
formação (f) de preços	kształtowanie (n) cen	[kʃtawtɔ'vane tsɛn]

77. Publicidade

publicidade (f)	reklama (ż)	[rɛk'ʎama]
fazer publicidade	reklamować	[rɛkʎa'mɔvatʃ]
orçamento (m)	budżet (m)	['budʒɛt]

| anúncio (m) | reklama (ż) | [rɛk'ʎama] |
| publicidade (f) na TV | reklama (ż) telewizyjna | [rɛk'ʎama tɛlevi'zijna] |

publicidade (f) na rádio	reklama (ż) radiowa	[rɛk'ʎama radʰɔva]
publicidade (f) exterior	reklama (ż) zewnętrzna	[rɛk'ʎama zɛv'nɛntʃna]
comunicação (f) de massa	środki (l.mn.) masowego przekazu	['ɕrɔtki masɔ'vɛgɔ pʃɛ'kazu]
periódico (m)	periodyk (m)	[pɛrʰɜdik]
imagem (f)	wizerunek (m)	[vizɛ'runɛk]
slogan (m)	slogan (m)	['slɔgan]
mote (m), lema (f)	hasło (n)	['haswɔ]
campanha (f)	kampania (ż)	[kam'paɲja]
campanha (f) publicitária	kampania (ż) reklamowa	[kam'paɲja rɛkʎa'mɔva]
grupo (m) alvo	odbiorca (m) docelowy	[ɔd'bɜrtsa dɔtsɛ'lɔvi]
cartão (m) de visita	wizytówka (ż)	[vizi'tufka]
panfleto (m)	ulotka (ż)	[u'lɔtka]
brochura (f)	broszura (ż)	[brɔ'ʃura]
folheto (m)	folder (m)	['fɔʎdɛr]
boletim (~ informativo)	biuletyn (m)	[by'letin]
letreiro (m)	szyld (m)	[ʃiʎt]
cartaz, pôster (m)	plakat (m)	['pʎakat]
painel (m) publicitário	billboard (m)	['biʎbɔrt]

78. Banca

banco (m)	bank (m)	[baŋk]
balcão (f)	filia (ż)	['fiʎja]
consultor (m) bancário	konsultant (m)	[kɔn'suʎtant]
gerente (m)	kierownik (m)	[ke'rɔvnik]
conta (f)	konto (n)	['kɔntɔ]
número (m) da conta	numer (m) konta	['numɛr 'kɔnta]
conta (f) corrente	rachunek (m) bieżący	[ra'hunɛk be'ʒɔ̃tsi]
conta (f) poupança	rachunek (m) oszczędnościowy	[ra'hunɛk ɔʃtʃɛdnɔɕ'tʃovi]
abrir uma conta	założyć konto	[za'wɔʒitʃ 'kɔntɔ]
fechar uma conta	zamknąć konto	['zamknɔɲtʃ 'kɔtɔ]
depositar na conta	wpłacić na konto	['vpwatʃitʃ na 'kɔntɔ]
sacar (vt)	podjąć z konta	['pɔdʰɔ̃tʃ s 'kɔnta]
depósito (m)	wkład (m)	[fkwat]
fazer um depósito	dokonać wpłaty	[dɔ'kɔnatʃ 'fpwati]
transferência (f) bancária	przelew (m)	['pʃɛlev]
transferir (vt)	dokonać przelewu	[dɔ'kɔnatʃ pʃɛ'levu]
soma (f)	suma (ż)	['suma]
Quanto?	Ile?	['ile]
assinatura (f)	podpis (m)	['pɔdpis]
assinar (vt)	podpisać	[pɔd'pisatʃ]

cartão (m) de crédito	karta (ż) kredytowa	['karta krɛdi'tɔva]
senha (f)	kod (m)	[kɔd]
número (m) do cartão de crédito	numer (m) karty kredytowej	['numɛr 'karti krɛdi'tɔvɛj]
caixa (m) eletrônico	bankomat (m)	[ba'ŋkɔmat]

cheque (m)	czek (m)	[ʧɛk]
passar um cheque	wystawić czek	[vis'taviʧ ʧɛk]
talão (m) de cheques	książeczka (ż) czekowa	[kɕɔ̃'ʒɛʧka ʧɛ'kɔva]

empréstimo (m)	kredyt (m)	['krɛdit]
pedir um empréstimo	wystąpić o kredyt	[vis'tɔ̃piʧ ɔ 'krɛdit]
obter empréstimo	brać kredyt	[braʧ 'krɛdit]
dar um empréstimo	udzielać kredytu	[u'ʤeʎaʧ krɛ'ditu]
garantia (f)	gwarancja (ż)	[gva'rantsʰja]

79. Telefone. Conversação telefônica

telefone (m)	telefon (m)	[tɛ'lefɔn]
celular (m)	telefon (m) komórkowy	[tɛ'lefɔn kɔmur'kɔvi]
secretária (f) eletrônica	sekretarka (ż)	[sɛkrɛ'tarka]

fazer uma chamada	dzwonić	['dzvɔniʧ]
chamada (f)	telefon (m)	[tɛ'lefɔn]

discar um número	wybrać numer	['vibraʧ 'numɛr]
Alô!	Halo!	['halɜ]
perguntar (vt)	zapytać	[za'pitaʧ]
responder (vt)	odpowiedzieć	[ɔtpɔ'vedʑeʧ]

ouvir (vt)	słyszeć	['swiʃɛʧ]
bem	dobrze	['dɔbʒɛ]
mal	źle	[zʲle]
ruído (m)	zakłócenia (l.mn.)	[zakwu'tsɛɲa]

fone (m)	słuchawka (ż)	[swu'hafka]
pegar o telefone	podnieść słuchawkę	['pɔdneɕʧ swu'hafkɛ̃]
desligar (vi)	odłożyć słuchawkę	[ɔd'wɔʒiʧ swu'hafkɛ̃]

ocupado (adj)	zajęty	[za'enti]
tocar (vi)	dzwonić	['dzvɔniʧ]
lista (f) telefônica	książka (ż) telefoniczna	[kɕɔ̃ʃka tɛlefɔ'niʧna]

local (adj)	miejscowy	[mejs'tsɔvi]
de longa distância	międzymiastowy	[mɛ̃dzimʲas'tɔvi]
internacional (adj)	międzynarodowy	[mɛ̃dzinarɔ'dɔvi]

80. Telefone móvel

celular (m)	telefon (m) komórkowy	[tɛ'lefɔn kɔmur'kɔvi]
tela (f)	wyświetlacz (m)	[viɕ'fetʎaʧ]
botão (m)	klawisz (m)	['kʎaviʃ]

cartão SIM (m)	karta (ż) SIM	['karta sim]
bateria (f)	bateria (ż)	[ba'tɛrʰja]
descarregar-se (vr)	rozładować się	[rɔzwa'dɔvatʃ ɕɛ̃]
carregador (m)	ładowarka (ż)	[wadɔ'varka]

menu (m)	menu (n)	['menu]
configurações (f pl)	ustawienia (l.mn.)	[usta'veɲa]
melodia (f)	melodia (ż)	[mɛ'lɜdʰja]
escolher (vt)	wybrać	['vibratʃ]

calculadora (f)	kalkulator (m)	[kaʎku'ʎatɔr]
correio (m) de voz	sekretarka (ż)	[sɛkrɛ'tarka]
despertador (m)	budzik (m)	['budʑik]
contatos (m pl)	kontakty (l.mn.)	[kɔn'taktɨ]

| mensagem (f) de texto | SMS (m) | [ɛs ɛm ɛs] |
| assinante (m) | abonent (m) | [a'bɔnɛnt] |

81. Estacionário

| caneta (f) | długopis (m) | [dwu'gɔpis] |
| caneta (f) tinteiro | pióro (n) | ['pyrɔ] |

lápis (m)	ołówek (m)	[ɔ'wuvɛk]
marcador (m) de texto	marker (m)	['markɛr]
caneta (f) hidrográfica	flamaster (m)	[fʎa'mastɛr]

| bloco (m) de notas | notes (m) | ['nɔtɛs] |
| agenda (f) | kalendarz (m) | [ka'lendaʃ] |

régua (f)	linijka (ż)	[li'nijka]
calculadora (f)	kalkulator (m)	[kaʎku'ʎatɔr]
borracha (f)	gumka (ż)	['gumka]
alfinete (m)	pinezka (ż)	[pi'nɛska]
clipe (m)	spinacz (m)	['spinatʃ]

cola (f)	klej (m)	[klej]
grampeador (m)	zszywacz (m)	['sʃivatʃ]
furador (m) de papel	dziurkacz (m)	['dʑyrkatʃ]
apontador (m)	temperówka (ż)	[tɛmpɛ'rufka]

82. Tipos de negócios

| serviços (m pl) de contabilidade | usługi (l.mn.) księgowe | [us'wugi kɕɛ̃'gɔvɛ] |

publicidade (f)	reklama (ż)	[rɛk'ʎama]
agência (f) de publicidade	agencja (ż) reklamowa	[a'gɛnʦʰja rɛkʎamɔva]
ar (m) condicionado	klimatyzatory (l.mn.)	[klimatiza'tɔri]
companhia (f) aérea	linie (l.mn.) lotnicze	['liɲje lɔt'niʧɛ]

| bebidas (f pl) alcoólicas | napoje (l.mn.) alkoholowe | [na'pɔe aʎkɔhɔ'lɜvɛ] |
| comércio (m) de antiguidades | antykwariat (m) | [antik'varʰjat] |

| galeria (f) de arte | galeria (ż) sztuki | [ga'lɛrʰja 'ʃtuki] |
| serviços (m pl) de auditoria | usługi (l.mn.) audytorskie | [us'wugi audi'tɔrskie] |

negócios (m pl) bancários	bankowość (ż)	[ba'ŋkɔvɔɕʧ]
bar (m)	bar (m)	[bar]
salão (m) de beleza	salon (m) piękności	[sa'lɔn pʲɛ̃k'nɔʃʧi]
livraria (f)	księgarnia (ż)	[kɕɛ̃'garɲa]
cervejaria (f)	browar (m)	['brɔvar]
centro (m) de escritórios	centrum (n) biznesowe	['tsɛntrum biznɛ'sɔvɛ]
escola (f) de negócios	szkoła (ż) biznesu	['ʃkɔwa biz'nɛsu]

cassino (m)	kasyno (n)	[ka'sinɔ]
construção (f)	budownictwo (n)	[budɔv'nitstvɔ]
consultoria (f)	konsultacje (ż)	[kɔnsuʎ'tatsie]

clínica (f) dentária	stomatologia (ż)	[stɔmatɔ'lɔgʰja]
design (m)	wzornictwo (n)	[vzɔr'nitstfɔ]
drogaria (f)	apteka (ż)	[ap'tɛka]
lavanderia (f)	pralnia (ż) chemiczna	['praʎɲa hɛ'mitʃna]
agência (f) de emprego	firma (ż) rekrutacyjna	['firma rɛkruta'tsijna]

serviços (m pl) financeiros	usługi (l.mn.) finansowe	[us'wugi finan'sɔvɛ]
alimentos (m pl)	artykuły (l.mn.) żywnościowe	[arti'kuwɨ ʒivnɔɕ'tʃɔvɛ]
funerária (f)	zakład (m) pogrzebowy	['zakwat pɔgʒɛ'bɔvi]
mobiliário (m)	meble (l.mn.)	['mɛble]
roupa (f)	odzież (ż)	['ɔdʑeʃ]
hotel (m)	hotel (m)	['hɔtɛʎ]

sorvete (m)	lody (l.mn.)	['lɔdi]
indústria (f)	przemysł (m)	['pʃɛmisw]
seguro (~ de vida, etc.)	ubezpieczenie (n)	[ubɛspet'ʃɛne]
internet (f)	Internet (m)	[in'tɛrnɛt]
investimento (m)	inwestycje (l.mn.)	[invɛs'titsʰe]

joalheiro (m)	jubiler (m)	[ju'biler]
joias (f pl)	wyroby (l.mn.) jubilerskie	[vi'rɔbɨ jubi'lerske]
lavanderia (f)	pralnia (ż)	['praʎɲa]
assessorias (f pl) jurídicas	usługi (l.mn.) prawne	[us'wugi 'pravnɛ]
indústria (f) ligeira	przemysł (m) lekki	['pʃɛmisw 'lekki]

revista (f)	czasopismo (n)	[ʧasɔ'pismɔ]
vendas (f pl) por catálogo	sprzedaż (ż) wysyłkowa	['spʃɛdaʃ vɨsiw'kɔva]
medicina (f)	medycyna (ż)	[mɛdi'tsina]
cinema (m)	kino (n)	['kinɔ]
museu (m)	muzeum (n)	[mu'zɛum]

agência (f) de notícias	agencja (ż) prasowa	[a'gɛntsʰja pra'sɔva]
jornal (m)	gazeta (ż)	[ga'zɛta]
boate (casa noturna)	klub (m) nocny	[klyp 'nɔtsni]

petróleo (m)	ropa (ż) naftowa	['rɔpa naf'tɔva]
serviços (m pl) de remessa	usługi (l.mn.) kurierskie	[us'wugi kurʰ'erske]
indústria (f) farmacêutica	farmacja (ż)	[far'matsʰja]
tipografia (f)	poligrafia (ż)	[pɔlig'rafʰja]
editora (f)	wydawnictwo (n)	[vidav'nitstfɔ]
rádio (m)	radio (n)	['radʰɜ]

imobiliário (m)	nieruchomość (ż)	[neru'hɔmɔɕʧ]
restaurante (m)	restauracja (ż)	[rɛstau'raʦʰja]
empresa (f) de segurança	agencja (ż) ochrony	[a'gɛnʦʰja ɔh'rɔni]
esporte (m)	sport (m)	[spɔrt]
bolsa (f) de valores	giełda (ż) finansowa	['gewda finan'sɔva]
loja (f)	sklep (m)	[sklep]
supermercado (m)	supermarket (m)	[supɛr'markɛt]
piscina (f)	basen (m)	['basɛn]
alfaiataria (f)	atelier (n)	[atɛ'ʎje]
televisão (f)	telewizja (ż)	[tɛle'vizʰja]
teatro (m)	teatr (m)	['tɛatr]
comércio (m)	handel (m)	['handɛʎ]
serviços (m pl) de transporte	przewozy (l.mn.)	[pʃɛ'vɔzi]
viagens (f pl)	podróż (ż)	['pɔdruʃ]
veterinário (m)	weterynarz (m)	[vɛtɛ'rinaʃ]
armazém (m)	magazyn (m)	[ma'gazin]
recolha (f) do lixo	wywóz (m) śmieci	['vivus 'ɕmeʧi]

Emprego. Negócios. Parte 2

83. Espetáculo. Feira

feira, exposição (f)	wystawa (ż)	[vis'tava]
feira (f) comercial	wystawa (ż) handlowa	[vis'tava hand'lɜva]
participação (f)	udział (m)	['udʒʲaw]
participar (vi)	uczestniczyć	[utʃɛst'nitʃitʃ]
participante (m)	uczestnik (m)	[ut'ʃɛstnik]
diretor (m)	dyrektor (m)	[di'rɛktɔr]
direção (f)	dyrekcja (ż)	[di'rɛktsʰja]
organizador (m)	organizator (m)	[ɔrgani'zatɔr]
organizar (vt)	organizować	[ɔrgani'zɔvatʃ]
ficha (f) de inscrição	zgłoszenie (n) udziału	[zgwɔ'ʃɛne u'dʒʲawu]
preencher (vt)	wypełnić	[vi'pɛwnitʃ]
detalhes (m pl)	detale (l.mn.)	[dɛ'tale]
informação (f)	informacja (ż)	[infɔr'matsʰja]
preço (m)	cena (ż)	['tsɛna]
incluindo	inkluzja	[iŋk'lyzija]
incluir (vt)	wliczać	['vlitʃatʃ]
pagar (vt)	płacić	['pwatʃitʃ]
taxa (f) de inscrição	wpisowe (n)	[fpi'sɔvɛ]
entrada (f)	wejście (n)	['vɛjɕtʃe]
pavilhão (m), salão (f)	pawilon (m)	[pa'vilɜn]
inscrever (vt)	rejestrować	[rɛest'rɔvatʃ]
crachá (m)	plakietka (ż)	[pʎa'ketka]
stand (m)	stoisko (n)	[stɔ'iskɔ]
reservar (vt)	rezerwować	[rɛzɛr'vɔvatʃ]
vitrine (f)	witryna (ż)	[vit'rina]
lâmpada (f)	lampka (ż)	['ʎampka]
design (m)	wzornictwo (n)	[vzɔr'nitstfɔ]
pôr (posicionar)	umieszczać	[u'meʃtʃatʃ]
distribuidor (m)	dystrybutor (m)	[distri'butɔr]
fornecedor (m)	dostawca (m)	[dɔs'tafsa]
país (m)	kraj (m)	[kraj]
estrangeiro (adj)	zagraniczny	[zagra'nitʃni]
produto (m)	produkt (m)	['prɔdukt]
associação (f)	stowarzyszenie (n)	[stɔvaʒi'ʃɛne]
sala (f) de conferência	sala (ż) konferencyjna	['saʎa kɔnfɛrɛn'tsijna]
congresso (m)	kongres (m)	['kɔŋrɛs]

concurso (m)	**konkurs** (m)	['kɔŋkurs]
visitante (m)	**zwiedzający** (m)	[zvedzaɔ̃tsi]
visitar (vt)	**zwiedzać**	['zvedzatʃ]
cliente (m)	**zamawiający** (m)	[zamavjaɔ̃tsi]

84. Ciência. Investigação. Cientistas

ciência (f)	**nauka** (ż)	[na'uka]
científico (adj)	**naukowy**	[nau'kɔvi]
cientista (m)	**naukowiec** (m)	[nau'kɔvets]
teoria (f)	**teoria** (ż)	[tɛ'ɔrʰja]

axioma (m)	**aksjomat** (m)	[aks'jɔmat]
análise (f)	**analiza** (ż)	[ana'liza]
analisar (vt)	**analizować**	[anali'zɔvatʃ]
argumento (m)	**argument** (m)	[ar'gumɛnt]
substância (f)	**substancja** (ż)	[sups'tantsʰja]

hipótese (f)	**hipoteza** (ż)	[hipɔ'tɛza]
dilema (m)	**dylemat** (m)	[di'lemat]
tese (f)	**rozprawa** (ż)	[rɔsp'rava]
dogma (m)	**dogmat** (m)	['dɔgmat]

doutrina (f)	**doktryna** (ż)	[dɔkt'rina]
pesquisa (f)	**badanie** (ż)	[ba'dane]
pesquisar (vt)	**badać**	['badatʃ]
testes (m pl)	**testowanie** (n)	[tɛstɔ'vane]
laboratório (m)	**laboratorium** (n)	[ʎabɔra'tɔrʰjum]

método (m)	**metoda** (ż)	[mɛ'tɔda]
molécula (f)	**molekuła** (ż)	[mɔle'kuwa]
monitoramento (m)	**monitorowanie** (n)	[mɔnitɔrɔ'vane]
descoberta (f)	**odkrycie** (n)	[ɔtk'ritʃe]

postulado (m)	**postulat** (m)	[pɔs'tuʎat]
princípio (m)	**zasada** (ż)	[za'sada]
prognóstico (previsão)	**prognoza** (ż)	[prɔg'nɔza]
prognosticar (vt)	**prognozować**	[prɔgnɔ'zɔvatʃ]

síntese (f)	**synteza** (ż)	[sin'tɛza]
tendência (f)	**tendencja** (ż)	[tɛn'dɛntsʰja]
teorema (m)	**teoremat** (m)	[tɛɔ'rɛmat]

ensinamentos (m pl)	**nauczanie** (n)	[naut'ʃane]
fato (m)	**fakt** (m)	[fakt]
expedição (f)	**ekspedycja** (ż)	[ɛkspɛ'ditsʰja]
experiência (f)	**eksperyment** (m)	[ɛkspɛ'rimɛnt]

acadêmico (m)	**akademik** (m)	[aka'dɛmik]
bacharel (m)	**bakałarz** (m)	[ba'kawaʃ]
doutor (m)	**doktor** (m)	['dɔktɔr]
professor (m) associado	**docent** (m)	['dɔtsɛnt]
mestrado (m)	**magister** (m)	[ma'gistɛr]
professor (m)	**profesor** (m)	[prɔ'fɛsɔr]

Profissões e ocupações

85. Procura de emprego. Demissão

| trabalho (m) | praca (ż) | ['pratsa] |
| equipe (f) | etat (m) | ['ɛtat] |

carreira (f)	kariera (ż)	[karʰ'era]
perspectivas (f pl)	perspektywa (ż)	[pɛrspɛk'tiva]
habilidades (f pl)	profesjonalizm (m)	[prɔfɛsʰɜ'nalizm]

seleção (f)	wybór (m)	['vibur]
agência (f) de emprego	agencja (ż) rekrutacyjna	[a'gɛntsʰja rɛkruta'tsijna]
currículo (m)	CV (n), życiorys (m)	[tsɛ 'fau], [ʒi'tʃɔris]
entrevista (f) de emprego	rozmowa (ż) kwalifikacyjna	[rɔz'mɔva kfalifika'tsijna]
vaga (f)	wakat (m)	['vakat]

salário (m)	pensja (ż)	['pɛnsʰja]
salário (m) fixo	stałe wynagrodzenie (n)	['stawɛ vinagrɔ'dzɛne]
pagamento (m)	opłata (ż)	[ɔp'wata]

cargo (m)	stanowisko (n)	[stanɔ'viskɔ]
dever (do empregado)	obowiązek (m)	[ɔbɔvɔ̃zɛk]
gama (f) de deveres	zakres (m) obowiazkow	['zakrɛs ɔbɔ'vʲazkɔf]
ocupado (adj)	zajęty	[za'enti]

| despedir, demitir (vt) | zwolnić | ['zvɔʎnitʃ] |
| demissão (f) | zwolnienie (n) | [zvɔʎ'nene] |

desemprego (m)	bezrobocie (n)	[bɛzrɔ'bɔtʃe]
desempregado (m)	bezrobotny (m)	[bɛzrɔ'bɔtni]
aposentadoria (f)	emerytura (ż)	[ɛmɛri'tura]
aposentar-se (vr)	przejść na emeryturę	['pʃɛjɕtʃ na ɛmɛri'turɛ̃]

86. Gente de negócios

diretor (m)	dyrektor (m)	[di'rɛktɔr]
gerente (m)	kierownik (m)	[ke'rɔvnik]
patrão, chefe (m)	szef (m)	[ʃɛf]

superior (m)	kierownik (m)	[ke'rɔvnik]
superiores (m pl)	kierownictwo (n)	[kerɔv'nitstfɔ]
presidente (m)	prezes (m)	['prɛzɛs]
chairman (m)	przewodniczący (m)	[pʃɛvɔdnit'jɔ̃tsi]

substituto (m)	zastępca (m)	[zas'tɛ̃ptsa]
assistente (m)	pomocnik (m)	[pɔ'mɔtsnik]
secretário (m)	sekretarka (ż)	[sɛkrɛ'tarka]

secretário (m) pessoal	sekretarz (m) osobisty	[sɛk'rɛtaʃ ɔsɔ'bisti]
homem (m) de negócios	biznesmen (m)	['biznɛsmɛn]
empreendedor (m)	przedsiębiorca (m)	[pʃɛdɕɛ̃'bɔrtsa]
fundador (m)	założyciel (m)	[zawɔ'ʒitʃɛʎ]
fundar (vt)	założyć	[za'wɔʒitʃ]
principiador (m)	wspólnik (m)	['fspɔʎnik]
parceiro, sócio (m)	partner (m)	['partnɛr]
acionista (m)	akcjonariusz (m)	[akts ʰ ɜ'narʰjuʃ]
milionário (m)	milioner (m)	[mi'ʎjɔnɛr]
bilionário (m)	miliarder (m)	[mi'ʎjardɛr]
proprietário (m)	właściciel (m)	[vwaɕ'tʃitʃɛʎ]
proprietário (m) de terras	właściciel (m) ziemski	[vwaɕ'tʃitʃɛʎ 'ʒemski]
cliente (m)	klient (m)	['klient]
cliente (m) habitual	stały klient (m)	['stawɨ 'klient]
comprador (m)	kupujący (m)	[kupuɔ̃tsi]
visitante (m)	zwiedzający (m)	[zvedzaɔ̃tsi]
profissional (m)	profesjonalista (m)	[prɔfɛsʰɜna'lista]
perito (m)	ekspert (m)	['ɛkspɛrt]
especialista (m)	specjalista (m)	[spɛtsʰja'lista]
banqueiro (m)	bankier (m)	['baŋker]
corretor (m)	broker (m)	['brɔkɛr]
caixa (m, f)	kasjer (m), kasjerka (ż)	['kasʰer], [kasʰ'erka]
contador (m)	księgowy (m)	[kɕɛ̃'gɔvi]
guarda (m)	ochroniarz (m)	[ɔh'rɔɲaʃ]
investidor (m)	inwestor (m)	[in'vɛstɔr]
devedor (m)	dłużnik (m)	['dwuʒnik]
credor (m)	kredytodawca (m)	[krɛditɔ'daftsa]
mutuário (m)	pożyczkobiorca (m)	[pɔʒitʃkɔ'bɔrtsa]
importador (m)	importer (m)	[im'pɔrtɛr]
exportador (m)	eksporter (m)	[ɛks'pɔrtɛr]
produtor (m)	producent (m)	[prɔ'dutsɛnt]
distribuidor (m)	dystrybutor (m)	[distri'butɔr]
intermediário (m)	pośrednik (m)	[pɔɕ'rɛdnik]
consultor (m)	konsultant (m)	[kɔn'suʎtant]
representante comercial	przedstawiciel (m)	[pʃɛtsta'vitʃɛʎ]
agente (m)	agent (m)	['agɛnt]
agente (m) de seguros	agent (m) ubezpieczeniowy	['agent ubɛspetʃɛ'nɜvi]

87. Profissões de serviços

cozinheiro (m)	kucharz (m)	['kuhaʃ]
chefe (m) de cozinha	szef (m) kuchni	[ʃɛf 'kuhni]
padeiro (m)	piekarz (m)	['pekaʃ]
barman (m)	barman (m)	['barman]

| garçom (m) | kelner (m) | ['kɛʎnɛr] |
| garçonete (f) | kelnerka (ż) | [kɛʎ'nɛrka] |

advogado (m)	adwokat (m)	[ad'vɔkat]
jurista (m)	prawnik (m)	['pravnik]
notário (m)	notariusz (m)	[nɔ'tarʰjuʃ]

eletricista (m)	elektryk (m)	[ɛ'lektrik]
encanador (m)	hydraulik (m)	[hɨd'raulik]
carpinteiro (m)	cieśla (m)	['ʧeɕʎa]

massagista (m)	masażysta (m)	[masa'ʒista]
massagista (f)	masażystka (ż)	[masa'ʒistka]
médico (m)	lekarz (m)	['lekaʃ]

taxista (m)	taksówkarz (m)	[tak'sufkaʃ]
condutor (automobilista)	kierowca (m)	[ke'rɔftsa]
entregador (m)	kurier (m)	['kurʰer]

camareira (f)	pokojówka (ż)	[pɔkɔ'jufka]
guarda (m)	ochroniarz (m)	[ɔh'rɔɲaʃ]
aeromoça (f)	stewardessa (ż)	[stʰjuar'dɛsa]

professor (m)	nauczyciel (m)	[naut'ʃiʧeʎ]
bibliotecário (m)	bibliotekarz (m)	[bibʎʼɔ'tɛkaʃ]
tradutor (m)	tłumacz (m)	['twumaʧ]
intérprete (m)	tłumacz (m)	['twumaʧ]
guia (m)	przewodnik (m)	[pʃɛ'vɔdnik]

cabeleireiro (m)	fryzjer (m)	['frizʰer]
carteiro (m)	listonosz (m)	[lis'tɔnɔʃ]
vendedor (m)	sprzedawca (m)	[spʃɛ'daftsa]

jardineiro (m)	ogrodnik (m)	[ɔg'rɔdnik]
criado (m)	służący (m)	[swu'ʒɔ̃tsi]
criada (f)	służąca (ż)	[swu'ʒɔ̃tsa]
empregada (f) de limpeza	sprzątaczka (ż)	[spʃɔ̃'taʧka]

88. Profissões militares e postos

soldado (m) raso	szeregowy (m)	[ʃɛrɛ'gɔvi]
sargento (m)	sierżant (m)	['ɕerʒant]
tenente (m)	podporucznik (m)	[pɔtpɔ'ruʧnik]
capitão (m)	kapitan (m)	[ka'pitan]

major (m)	major (m)	['majɔr]
coronel (m)	pułkownik (m)	[puw'kɔvnik]
general (m)	generał (m)	[gɛ'nɛraw]
marechal (m)	marszałek (m)	[mar'ʃawɛk]
almirante (m)	admirał (m)	[ad'miraw]

militar (m)	wojskowy (m)	[vɔjs'kɔvi]
soldado (m)	żołnierz (m)	['ʒɔwneʃ]
oficial (m)	oficer (m)	[ɔ'fitsɛr]

comandante (m)	dowódca (m)	[dɔ'vuttsa]
guarda (m) de fronteira	pogranicznik (m)	[pɔgra'nitʃnik]
operador (m) de rádio	radiooperator (m)	[radʰɜ:pɛ'ratɔr]
explorador (m)	zwiadowca (m)	[zvʲa'dɔftsa]
sapador-mineiro (m)	saper (m)	['sapɛr]
atirador (m)	strzelec (m)	['stʃɛlɛts]
navegador (m)	nawigator (m)	[navi'gatɔr]

89. Oficiais. Padres

| rei (m) | król (m) | [kruʎ] |
| rainha (f) | królowa (ż) | [kru'lɜva] |

| príncipe (m) | książę (m) | [kɕɔ̃ʒɛ̃] |
| princesa (f) | księżniczka (ż) | [kɕɛ̃ʒ'nitʃka] |

| czar (m) | car (m) | [tsar] |
| czarina (f) | caryca (ż) | [tsa'rɨtsa] |

presidente (m)	prezydent (m)	[prɛ'zidɛnt]
ministro (m)	minister (m)	[mi'nistɛr]
primeiro-ministro (m)	premier (m)	['prɛmʰer]
senador (m)	senator (m)	[sɛ'natɔr]

diplomata (m)	dyplomata (m)	[diplɜ'mata]
cônsul (m)	konsul (m)	['kɔnsuʎ]
embaixador (m)	ambasador (m)	[amba'sadɔr]
conselheiro (m)	doradca (m)	[dɔ'rattsa]

funcionário (m)	pracownik (m)	[pra'tsɔvnik]
prefeito (m)	burmistrz (m) dzielnicy	['burmistʃ dʒeʎ'nitsi]
Presidente (m) da Câmara	mer (m)	[mɛr]

| juiz (m) | sędzia (m) | ['sɛ̃dʒʲa] |
| procurador (m) | prokurator (m) | [prɔku'ratɔr] |

missionário (m)	misjonarz (m)	[misʰɜnaʃ]
monge (m)	zakonnik (m)	[za'kɔɲik]
abade (m)	opat (m)	['ɔpat]
rabino (m)	rabin (m)	['rabin]

vizir (m)	wezyr (m)	['vɛzir]
xá (m)	szach (m)	[ʃah]
xeique (m)	szejk (m)	[ʃɛjk]

90. Profissões agrícolas

abelheiro (m)	pszczelarz (m)	['pʃtʃɛʎaʃ]
pastor (m)	pastuch (m)	['pastuh]
agrônomo (m)	agronom (m)	[ag'rɔnɔm]
criador (m) de gado	hodowca (m) zwierząt	[hɔ'dɔfsa 'zveʒɔ̃t]
veterinário (m)	weterynarz (m)	[vɛtɛ'rinaʃ]

agricultor, fazendeiro (m)	farmer (m)	['farmɛr]
vinicultor (m)	winiarz (m)	['viɲaʃ]
zoólogo (m)	zoolog (m)	[zɔ'ɔlɔk]
vaqueiro (m)	kowboj (m)	['kɔvbɔj]

91. Profissões artísticas

ator (m)	aktor (m)	['aktɔr]
atriz (f)	aktorka (ż)	[ak'tɔrka]
cantor (m)	śpiewak (m)	['ɕpevak]
cantora (f)	śpiewaczka (ż)	[ɕpe'vatʃka]
bailarino (m)	tancerz (m)	['tantsɛʃ]
bailarina (f)	tancerka (ż)	[tan'tsɛrka]
artista (m)	artysta (m)	[ar'tista]
artista (f)	artystka (ż)	[ar'tistka]
músico (m)	muzyk (m)	['muzik]
pianista (m)	pianista (m)	[pʰja'nista]
guitarrista (m)	gitarzysta (m)	[gita'ʒista]
maestro (m)	dyrygent (m)	[di'rigɛnt]
compositor (m)	kompozytor (m)	[kɔmpɔ'zitɔr]
empresário (m)	impresario (m)	[imprɛ'sarʰɔ]
diretor (m) de cinema	reżyser (m)	[rɛ'ʒisɛr]
produtor (m)	producent (m)	[prɔ'dutsɛnt]
roteirista (m)	scenarzysta (m)	[stsɛna'ʒista]
crítico (m)	krytyk (m)	['kritik]
escritor (m)	pisarz (m)	['pisaʃ]
poeta (m)	poeta (m)	[pɔ'ɛta]
escultor (m)	rzeźbiarz (m)	['ʒɛzʲbʲaʃ]
pintor (m)	malarz (m)	['maʎaʃ]
malabarista (m)	żongler (m)	['ʒɔŋler]
palhaço (m)	klown (m)	['kʎaun]
acrobata (m)	akrobata (m)	[akrɔ'bata]
ilusionista (m)	sztukmistrz (m)	['ʃtukmistʃ]

92. Várias profissões

médico (m)	lekarz (m)	['lekaʃ]
enfermeira (f)	pielęgniarka (ż)	[pelɛ̃g'ɲarka]
psiquiatra (m)	psychiatra (m)	[psih'ʰatra]
dentista (m)	dentysta (m)	[dɛn'tista]
cirurgião (m)	chirurg (m)	['hirurk]
astronauta (m)	astronauta (m)	[astrɔ'nauta]
astrônomo (m)	astronom (m)	[ast'rɔnɔm]

motorista (m)	kierowca (m)	[ke'rɔftsa]
maquinista (m)	maszynista (m)	[maʃi'nista]
mecânico (m)	mechanik (m)	[mɛ'hanik]

mineiro (m)	górnik (m)	['gurnik]
operário (m)	robotnik (m)	[rɔ'bɔtnik]
serralheiro (m)	ślusarz (m)	['ɕlysaʃ]
marceneiro (m)	stolarz (m)	['stɔʎaʃ]
torneiro (m)	tokarz (m)	['tɔkaʃ]
construtor (m)	budowniczy (m)	[budɔv'nitʃi]
soldador (m)	spawacz (m)	['spavatʃ]

professor (m)	profesor (m)	[prɔ'fɛsɔr]
arquiteto (m)	architekt (m)	[ar'hitɛkt]
historiador (m)	historyk (m)	[his'tɔrik]
cientista (m)	naukowiec (m)	[nau'kɔvets]
físico (m)	fizyk (m)	['fizik]
químico (m)	chemik (m)	['hɛmik]

arqueólogo (m)	archeolog (m)	[arhɛ'ɔlɔk]
geólogo (m)	geolog (m)	[gɛ'ɔlɔk]
pesquisador (cientista)	badacz (m)	['badatʃ]

| babysitter, babá (f) | opiekunka (ż) do dziecka | [ɔpe'kuŋka dɔ 'dʑetska] |
| professor (m) | pedagog (m) | [pɛ'dagɔk] |

redator (m)	redaktor (m)	[rɛ'daktɔr]
redator-chefe (m)	redaktor (m) naczelny	[rɛ'daktɔr nat'ʃɛʎni]
correspondente (m)	korespondent (m)	[kɔrɛs'pɔndɛnt]
datilógrafa (f)	maszynistka (ż)	[maʃi'nistka]

| designer (m) | projektant (m) | [prɔ'ektant] |
| especialista (m) em informática | komputerowiec (m) | [kɔmputɛ'rɔvets] |

| programador (m) | programista (m) | [prɔgra'mista] |
| engenheiro (m) | inżynier (m) | [in'ʒiner] |

marujo (m)	marynarz (m)	[ma'rinaʃ]
marinheiro (m)	marynarz (m)	[ma'rinaʃ]
socorrista (m)	ratownik (m)	[ra'tɔvnik]

bombeiro (m)	strażak (m)	['straʒak]
polícia (m)	policjant (m)	[pɔ'litsʰjant]
guarda-noturno (m)	stróż (m)	[struʃ]
detetive (m)	detektyw (m)	[dɛ'tɛktiv]

funcionário (m) da alfândega	celnik (m)	['tsɛʎnik]
guarda-costas (m)	ochroniarz (m)	[ɔh'rɔɲaʃ]
guarda (m) prisional	nadzorca (m)	[na'dzɔrtsa]
inspetor (m)	inspektor (m)	[ins'pɛktɔr]

esportista (m)	sportowiec (m)	[spɔr'tɔvets]
treinador (m)	trener (m)	['trɛnɛr]
açougueiro (m)	rzeźnik (m)	['ʒɛʑnik]
sapateiro (m)	szewc (m)	[ʃɛfts]
comerciante (m)	handlowiec (m)	[hand'lɔvets]

carregador (m)	ładowacz (m)	[wa'dɔvatʃ]
estilista (m)	projektant (m) mody	[prɔ'ektant 'mɔdi]
modelo (f)	modelka (ż)	[mɔ'dɛʎka]

93. Ocupações. Estatuto social

estudante (~ de escola)	uczeń (m)	['utʃɛɲ]
estudante (~ universitária)	student (m)	['studɛnt]
filósofo (m)	filozof (m)	[fi'lɜzɔf]
economista (m)	ekonomista (m)	[ɛkɔnɔ'mista]
inventor (m)	wynalazca (m)	[vina'ʎastsa]
desempregado (m)	bezrobotny (m)	[bɛzrɔ'botni]
aposentado (m)	emeryt (m)	[ɛ'mɛrit]
espião (m)	szpieg (m)	[ʃpek]
preso, prisioneiro (m)	więzień (m)	['vɛɲʒɛ̃]
grevista (m)	strajkujący (m)	[strajkuɔ̃tsi]
burocrata (m)	biurokrata (m)	[byrɔk'rata]
viajante (m)	podróżnik (m)	[pɔd'ruʒnik]
homossexual (m)	homoseksualista (m)	[hɔmɔsɛksua'lista]
hacker (m)	haker (m)	['hakɛr]
bandido (m)	bandyta (m)	[ban'dita]
assassino (m)	płatny zabójca (m)	['pwatni za'bojtsa]
drogado (m)	narkoman (m)	[nar'kɔman]
traficante (m)	handlarz (m) narkotyków	['handʎaʒ narkɔ'tikuf]
prostituta (f)	prostytutka (ż)	[prɔsti'tutka]
cafetão (m)	sutener (m)	[su'tɛnɛr]
bruxo (m)	czarodziej (m)	[tʃa'rɔdʒej]
bruxa (f)	czarodziejka (ż)	[tʃarɔ'dʒejka]
pirata (m)	pirat (m)	['pirat]
escravo (m)	niewolnik (m)	[ne'vɔʎnik]
samurai (m)	samuraj (m)	[sa'muraj]
selvagem (m)	dzikus (m)	['dʒikus]

Educação

94. Escola

escola (f)	szkoła (ż)	['ʃkɔwa]
diretor (m) de escola	dyrektor (m) szkoły	[di'rɛktɔr 'ʃkɔwi]
aluno (m)	uczeń (m)	['utʃɛɲ]
aluna (f)	uczennica (ż)	[utʃɛ'ɲiʦa]
estudante (m)	uczeń (m)	['utʃɛɲ]
estudante (f)	uczennica (ż)	[utʃɛ'ɲiʦa]
ensinar (vt)	uczyć	['utʃitʃ]
aprender (vt)	uczyć się	['utʃitʃ ɕɛ̃]
decorar (vt)	uczyć się na pamięć	['utʃitʃ ɕɛ̃ na 'pamɛ̃tʃ]
estudar (vi)	uczyć się	['utʃitʃ ɕɛ̃]
estar na escola	uczyć się	['utʃitʃ ɕɛ̃]
ir à escola	iść do szkoły	[iɕtʃ dɔ 'ʃkɔwi]
alfabeto (m)	alfabet (m)	[aʎ'fabɛt]
disciplina (f)	przedmiot (m)	['pʃɛdmɔt]
sala (f) de aula	klasa (ż)	['kʎasa]
lição, aula (f)	lekcja (ż)	['lektsʰja]
recreio (m)	przerwa (ż)	['pʃɛrva]
toque (m)	dzwonek (m)	['dzvɔnɛk]
classe (f)	ławka (ż)	['wafka]
quadro (m) negro	tablica (ż)	[tab'liʦa]
nota (f)	ocena (ż)	[ɔ'ʦɛna]
boa nota (f)	dobra ocena (ż)	['dɔbra ɔ'ʦɛna]
nota (f) baixa	zła ocena (ż)	[zwa ɔ'ʦɛna]
dar uma nota	wystawiać oceny	[vis'taviatʃ ɔ'ʦɛni]
erro (m)	błąd (m)	[bwɔ̃t]
errar (vi)	robić błędy	['rɔbitʃ 'bwɛndi]
corrigir (~ um erro)	poprawiać	[pɔp'raviatʃ]
cola (f)	ściągawka (ż)	[ɕtʃɔ̃'gafka]
dever (m) de casa	praca (ż) domowa	['praʦa dɔ'mɔva]
exercício (m)	ćwiczenie (n)	[tʃfit'ʃɛne]
estar presente	być obecnym	[bitʃ ɔ'bɛʦnim]
estar ausente	być nieobecnym	[bitʃ neɔ'bɛʦnim]
punir (vt)	karać	['karatʃ]
punição (f)	kara (ż)	['kara]
comportamento (m)	zachowanie (ż)	[zaxɔ'vane]

boletim (m) escolar	dziennik (m) szkolny	['dʑɛŋik 'ʃkɔʎni]
lápis (m)	ołówek (m)	[ɔ'wuvɛk]
borracha (f)	gumka (ż)	['gumka]
giz (m)	kreda (ż)	['krɛda]
porta-lápis (m)	piórnik (m)	['pyrnik]
mala, pasta, mochila (f)	teczka (ż)	['tɛtʃka]
caneta (f)	długopis (m)	[dwu'gɔpis]
caderno (m)	zeszyt (m)	['zɛʃit]
livro (m) didático	podręcznik (m)	[pɔd'rɛntʃnik]
compasso (m)	cyrkiel (m)	['tsirkeʎ]
traçar (vt)	szkicować	[ʃki'tsɔvatʃ]
desenho (m) técnico	rysunek (m) techniczny	[ri'sunɛk tɛh'nitʃnɛ]
poesia (f)	wiersz (m)	[verʃ]
de cor	na pamięć	[na 'pamɛ̃tʃ]
decorar (vt)	uczyć się na pamięć	['utʃitʃ ɕɛ na 'pamɛ̃tʃ]
férias (f pl)	ferie (l.mn.)	['ferʰe]
estar de férias	być na feriach	[bitʃ na 'fɛrʰjah]
teste (m), prova (f)	sprawdzian (m)	['spravdʑian]
redação (f)	wypracowanie (n)	[vipratsɔ'vane]
ditado (m)	dyktando (n)	[dik'tandɔ]
exame (m), prova (f)	egzamin (m)	[ɛg'zamin]
fazer prova	zdawać egzaminy	['zdavatʃ ɛgza'mini]
experiência (~ química)	eksperyment (m)	[ɛkspɛ'rimɛnt]

95. Colégio. Universidade

academia (f)	akademia (ż)	[aka'dɛmʰja]
universidade (f)	uniwersytet (m)	[uni'vɛrsitɛt]
faculdade (f)	wydział (m)	['vidʑiaw]
estudante (m)	student (m)	['studɛnt]
estudante (f)	studentka (ż)	[stu'dɛntka]
professor (m)	wykładowca (m)	[vikwa'dɔftsa]
auditório (m)	sala (ż)	['saʎa]
graduado (m)	absolwent (m)	[ab'sɔʎvɛnt]
diploma (m)	dyplom (ż)	['diplɔm]
tese (f)	rozprawa (ż)	[rɔsp'rava]
estudo (obra)	studium (n)	['studʰjum]
laboratório (m)	laboratorium (n)	[ʎabɔra'tɔrʰjum]
palestra (f)	wykład (m)	['vikwat]
colega (m) de curso	kolega (m) z roku	[kɔ'lega z 'rɔku]
bolsa (f) de estudos	stypendium (n)	[sti'pɛndʰjum]
grau (m) acadêmico	stopień (m) naukowy	['stɔpeɲ nau'kɔvi]

96. Ciências. Disciplinas

matemática (f)	matematyka (ż)	[matɛ'matika]
álgebra (f)	algebra (ż)	[aʎ'gɛbra]
geometria (f)	geometria (ż)	[gɛɔ'mɛtrʰja]
astronomia (f)	astronomia (ż)	[astrɔ'nɔmʰja]
biologia (f)	biologia (ż)	[bʰɔ'lɜgʰja]
geografia (f)	geografia (ż)	[gɛɔg'rafʰja]
geologia (f)	geologia (ż)	[gɛɔ'lɜgʰja]
história (f)	historia (ż)	[his'tɔrʰja]
medicina (f)	medycyna (ż)	[mɛdi'tsina]
pedagogia (f)	pedagogika (ż)	[pɛda'gɔgika]
direito (m)	prawo (n)	['pravɔ]
física (f)	fizyka (ż)	['fizika]
química (f)	chemia (ż)	['hɛmʰja]
filosofia (f)	filozofia (ż)	[filɜ'zɔfʰja]
psicologia (f)	psychologia (ż)	[psihɔ'lɜgʰja]

97. Sistema de escrita. Ortografia

gramática (f)	gramatyka (ż)	[gra'matika]
vocabulário (m)	słownictwo (n)	[swɔv'nitstfɔ]
fonética (f)	fonetyka (ż)	[fɔ'nɛtika]
substantivo (m)	rzeczownik (m)	[ʒɛt'ʃɔvnik]
adjetivo (m)	przymiotnik (m)	[pʃi'mɜtnik]
verbo (m)	czasownik (m)	[tʃa'sɔvnik]
advérbio (m)	przysłówek (m)	[pʃis'wuvɛk]
pronome (m)	zaimek (m)	[za'imɛk]
interjeição (f)	wykrzyknik (m)	[vik'ʃiknik]
preposição (f)	przyimek (m)	[pʃi'imɛk]
raiz (f)	rdzeń (m) słowa	[rdzɛɲ 'swɔva]
terminação (f)	końcówka (ż)	[kɔɲ'tsufka]
prefixo (m)	prefiks (m)	['prɛfiks]
sílaba (f)	sylaba (ż)	[si'ʎaba]
sufixo (m)	sufiks (m)	['sufiks]
acento (m)	akcent (m)	['aktsɛnt]
apóstrofo (f)	apostrof (m)	[a'pɔstrɔf]
ponto (m)	kropka (ż)	['krɔpka]
vírgula (f)	przecinek (m)	[pʃɛ'tʃinɛk]
ponto e vírgula (m)	średnik (m)	['ɕrɛdnik]
dois pontos (m pl)	dwukropek (m)	[dvuk'rɔpɛk]
reticências (f pl)	wielokropek (m)	[velɜk'rɔpɛk]
ponto (m) de interrogação	znak (m) zapytania	[znak zapi'taɲa]
ponto (m) de exclamação	wykrzyknik (m)	[vik'ʃiknik]

aspas (f pl)	cudzysłów (m)	[tsu'dziswuf]
entre aspas	w cudzysłowie	[f tsudzis'wɔve]
parênteses (m pl)	nawias (m)	['navias]
entre parênteses	w nawiasie	[v na'viaɕe]

hífen (m)	łącznik (m)	['wɔ̃tʃnik]
travessão (m)	myślnik (m)	['miɕʎnik]
espaço (m)	odstęp (m)	['ɔtstɛ̃p]

| letra (f) | litera (ż) | [li'tɛra] |
| letra (f) maiúscula | wielka litera (ż) | ['vɛʎka li'tɛra] |

| vogal (f) | samogłoska (ż) | [samɔg'wɔska] |
| consoante (f) | spółgłoska (ż) | [spuwg'wɔska] |

frase (f)	zdanie (n)	['zdane]
sujeito (m)	podmiot (m)	['pɔdmɔt]
predicado (m)	orzeczenie (n)	[ɔʒɛt'ʃɛne]

linha (f)	linijka (n)	[li'nijka]
em uma nova linha	od nowej linii	[ɔd 'nɔvɛj 'lini:]
parágrafo (m)	akapit (m)	[a'kapit]

palavra (f)	słowo (n)	['swɔvɔ]
grupo (m) de palavras	połączenie (n) wyrazowe	[pɔwɔ̃t'ʃɛne vira'zɔvɛ]
expressão (f)	wyrażenie (n)	[vira'ʒɛne]
sinônimo (m)	synonim (m)	[si'nɔnim]
antônimo (m)	antonim (m)	[an'tɔnim]

regra (f)	reguła (ż)	[rɛ'guwa]
exceção (f)	wyjątek (m)	[vi'ɔ̃tɛk]
correto (adj)	poprawny	[pɔp'ravni]

conjugação (f)	koniugacja (ż)	[kɔnʰju'gatsʰja]
declinação (f)	deklinacja (ż)	[dɛkli'natsʰja]
caso (m)	przypadek (m)	[pʃi'padɛk]
pergunta (f)	pytanie (n)	[pi'tane]
sublinhar (vt)	podkreślić	[pɔtk'rɛɕlitʃ]
linha (f) pontilhada	linia (ż) przerywana	['linja pʃɛri'vana]

98. Línguas estrangeiras

língua (f)	język (m)	['enzik]
língua (f) estrangeira	obcy język (m)	['ɔbtsi 'enzik]
estudar (vt)	studiować	[studʰɔvatʃ]
aprender (vt)	uczyć się	['utʃitʃ ɕɛ̃]

ler (vt)	czytać	['tʃitatʃ]
falar (vi)	mówić	['muvitʃ]
entender (vt)	rozumieć	[rɔ'zumetʃ]
escrever (vt)	pisać	['pisatʃ]

| rapidamente | szybko | ['ʃipkɔ] |
| devagar, lentamente | wolno | ['vɔʎnɔ] |

fluentemente	swobodnie	[sfɔ'bɔdne]
regras (f pl)	reguły (l.mn.)	[rɛ'guwi]
gramática (f)	gramatyka (ż)	[gra'matika]
vocabulário (m)	słownictwo (n)	[swɔv'niʦtfɔ]
fonética (f)	fonetyka (ż)	[fɔ'nɛtika]

livro (m) didático	podręcznik (m)	[pɔd'rɛnʧnik]
dicionário (m)	słownik (m)	['swɔvnik]
manual (m) autodidático	samouczek (m)	[samɔ'uʧɛk]
guia (m) de conversação	rozmówki (l.mn.)	[rɔz'mufki]

fita (f) cassete	kaseta (ż)	[ka'sɛta]
videoteipe (m)	kaseta (ż) wideo	[ka'sɛta vi'dɛɔ]
CD (m)	płyta CD (ż)	['pwita si'di]
DVD (m)	płyta DVD (ż)	['pwita divi'di]

alfabeto (m)	alfabet (m)	[aʎ'fabɛt]
soletrar (vt)	przeliterować	[pʃɛlite'rɔvaʧ]
pronúncia (f)	wymowa (ż)	[vi'mɔva]

sotaque (m)	akcent (m)	['akʦɛnt]
com sotaque	z akcentem	[z ak'ʦɛntɛm]
sem sotaque	bez akcentu	[bɛz ak'ʦɛntu]

| palavra (f) | wyraz (m), słowo (n) | ['viras], ['svɔvɔ] |
| sentido (m) | znaczenie (n) | [zna'ʧɛnie] |

curso (m)	kurs (m)	[kurs]
inscrever-se (vr)	zapisać się	[za'pisaʧ ɕɛ̃]
professor (m)	wykładowca (m)	[vikwa'dɔfʦa]

tradução (processo)	tłumaczenie (n)	[twumat'ʃɛne]
tradução (texto)	przekład (m)	['pʃɛkwat]
tradutor (m)	tłumacz (m)	['twumaʧ]
intérprete (m)	tłumacz (m)	['twumaʧ]

| poliglota (m) | poliglota (m) | [pɔlig'lɔta] |
| memória (f) | pamięć (ż) | ['pamɛ̃ʧ] |

Descanso. Entretenimento. Viagens

99. Viagens

turismo (m)	turystyka (ż)	[tu'ristika]
turista (m)	turysta (m)	[tu'rista]
viagem (f)	podróż (ż)	['podruʃ]
aventura (f)	przygoda (ż)	[pʃi'goda]
percurso (curta viagem)	podróż (ż)	['podruʃ]
férias (f pl)	urlop (m)	['urlɔp]
estar de férias	być na urlopie	[bitʃ na ur'lɔpe]
descanso (m)	wypoczynek (m)	[vipot'ʃinɛk]
trem (m)	pociąg (m)	['pɔtʃɔ̃k]
de trem (chegar ~)	pociągiem	[pɔtʃɔ̃gem]
avião (m)	samolot (m)	[sa'mɔlɔt]
de avião	samolotem	[samɔ'lɔtɛm]
de carro	samochodem	[samɔ'hɔdɛm]
de navio	statkiem	['statkem]
bagagem (f)	bagaż (m)	['bagaʃ]
mala (f)	walizka (ż)	[va'liska]
carrinho (m)	wózek (m) bagażowy	['vuzɛk baga'ʒɔvi]
passaporte (m)	paszport (m)	['paʃpɔrt]
visto (m)	wiza (ż)	['viza]
passagem (f)	bilet (m)	['bilet]
passagem (f) aérea	bilet (m) lotniczy	['bilet lɔt'nitʃi]
guia (m) de viagem	przewodnik (m)	[pʃɛ'vɔdnik]
mapa (m)	mapa (ż)	['mapa]
área (f)	miejscowość (ż)	[mejs'tsɔvɔɕtʃ]
lugar (m)	miejsce (n)	['mejstsɛ]
exotismo (m)	egzotyka (ż)	[ɛg'zɔtika]
exótico (adj)	egzotyczny	[ɛgzɔ'titʃni]
surpreendente (adj)	zadziwiający	[zadʑivjaɔ̃tsi]
grupo (m)	grupa (ż)	['grupa]
excursão (f)	wycieczka (ż)	[vi'tʃetʃka]
guia (m)	przewodnik (ż)	[pʃɛ'vɔdnik]

100. Hotel

hotel (m)	hotel (m)	['hɔtɛʎ]
motel (m)	motel (m)	['mɔtɛʎ]
três estrelas	trzy gwiazdki	[tʃi 'gvʲaztki]

cinco estrelas	**pięć gwiazdek**	[pɛ̃ʧ 'gvʲazdɛk]
ficar (vi, vt)	**zatrzymać się**	[zat'ʃimaʧ ɕɛ̃]

quarto (m)	**pokój** (m)	['pɔkuj]
quarto (m) individual	**pokój** (m) **jednoosobowy**	['pɔkuj ednɔːsɔ'bɔvi]
quarto (m) duplo	**pokój** (m) **dwuosobowy**	['pɔkuj dvuɔsɔ'bɔvi]
reservar um quarto	**rezerwować pokój**	[rɛzɛr'vɔvaʧ 'pɔkuj]

meia pensão (f)	**wyżywienie** (n) **Half Board**	[viʑi'vene haf bɔrd]
pensão (f) completa	**pełne** (n) **wyżywienie**	['pɛwnɛ viʑivi'ene]

com banheira	**z łazienką**	[z wa'ʒɛnkɔ̃]
com chuveiro	**z prysznicem**	[z priʃ'niʦɛm]
televisão (m) por satélite	**telewizja** (ż) **satelitarna**	[tɛle'vizʲja satɛli'tarna]
ar (m) condicionado	**klimatyzator** (m)	[klimati'zatɔr]
toalha (f)	**ręcznik** (m)	['rɛnʧnik]
chave (f)	**klucz** (m)	[kluʧ]

administrador (m)	**administrator** (m)	[administ'ratɔr]
camareira (f)	**pokojówka** (ż)	[pɔkɔ'jufka]
bagageiro (m)	**tragarz** (m)	['tragaʃ]
porteiro (m)	**odźwierny** (m)	[ɔd'vjerni]

restaurante (m)	**restauracja** (ż)	[rɛstau'raʦʰja]
bar (m)	**bar** (m)	[bar]
café (m) da manhã	**śniadanie** (n)	[ɕɲa'dane]
jantar (m)	**kolacja** (ż)	[kɔ'ʎaʦʰja]
bufê (m)	**szwedzki stół** (m)	['ʃfɛʦki stuw]

elevador (m)	**winda** (ż)	['vinda]
NÃO PERTURBE	**NIE PRZESZKADZAĆ**	[ne pʃeʃ'kadzaʧ]
PROIBIDO FUMAR!	**ZAKAZ PALENIA!**	['zakas pa'leɲa]

EQUIPAMENTO TÉCNICO. TRANSPORTES

Equipamento técnico. Transportes

101. Computador

| computador (m) | komputer (m) | [kɔm'putɛr] |
| computador (m) portátil | laptop (m) | ['ʎaptɔp] |

| ligar (vt) | włączyć | ['vwɔ̃tʃitʃ] |
| desligar (vt) | wyłączyć | [vɨ'wɔ̃tʃitʃ] |

teclado (m)	klawiatura (ż)	[kʎav'hja'tura]
tecla (f)	klawisz (m)	['kʎaviʃ]
mouse (m)	myszka (ż)	['miʃka]
tapete (m) para mouse	podkładka (ż) pod myszkę	[pɔtk'watka pɔd 'miʃkɛ]

| botão (m) | przycisk (m) | ['pʃitʃisk] |
| cursor (m) | kursor (m) | ['kursɔr] |

| monitor (m) | monitor (m) | [mɔ'nitɔr] |
| tela (f) | ekran (m) | ['ɛkran] |

| disco (m) rígido | dysk (m) twardy | [disk 'tfardɨ] |
| capacidade (f) do disco rígido | pojemność (ż) dysku twardego | [pɔ'emnɔɕtʃ 'disku tfar'dɛgɔ] |

| memória (f) | pamięć (ż) | ['pamɛ̃tʃ] |
| memória RAM (f) | pamięć (ż) operacyjna | ['pamɛ̃tʃ ɔpɛra'tsijna] |

arquivo (m)	plik (m)	[plik]
pasta (f)	folder (m)	['fɔʎdɛr]
abrir (vt)	otworzyć	[ɔt'fɔʒitʃ]
fechar (vt)	zamknąć	['zamknɔ̃tʃ]

salvar (vt)	zapisać	[za'pisatʃ]
deletar (vt)	usunąć	[u'sunɔ̃tʃ]
copiar (vt)	skopiować	[skɔ'pʲɔvatʃ]
ordenar (vt)	segregować	[sɛgrɛ'gɔvatʃ]
copiar (vt)	przepisać	[pʃɛ'pisatʃ]

programa (m)	program (m)	['prɔgram]
software (m)	oprogramowanie (n)	[ɔprɔgramɔ'vane]
programador (m)	programista (m)	[prɔgra'mista]
programar (vt)	zaprogramować	[zaprɔgra'mɔvatʃ]

hacker (m)	haker (m)	['hakɛr]
senha (f)	hasło (n)	['haswɔ]
vírus (m)	wirus (m)	['virus]
detectar (vt)	wykryć	['vɨkritʃ]

byte (m)	bajt (m)	[bajt]
megabyte (m)	megabajt (m)	[mɛga'bajt]

dados (m pl)	dane (l.mn.)	['danɛ]
base (f) de dados	baza (ż) danych	['baza 'danih]

cabo (m)	kabel (m)	['kabɛʎ]
desconectar (vt)	odłączyć	[ɔd'wɔ̃tʃitʃ]
conectar (vt)	podłączyć	[pɔd'wɔ̃tʃitʃ]

102. Internet. E-mail

internet (f)	Internet (m)	[in'tɛrnɛt]
browser (m)	przeglądarka (ż)	[pʃɛglɔ̃'darka]
motor (m) de busca	wyszukiwarka (ż)	[viʃuki'varka]
provedor (m)	dostawca (m) internetu	[dɔs'taftsa intɛr'nɛtu]

webmaster (m)	webmaster (m)	[vɛb'mastɛr]
website (m)	witryna (ż) internetowa	[vit'rina intɛrnɛ'tɔva]
web page (f)	strona (ż) internetowa	['strɔna intɛrnɛ'tɔva]

endereço (m)	adres (m)	['adrɛs]
livro (m) de endereços	książka (ż) adresowa	[kçɔ̃ʃka adrɛ'sɔva]

caixa (f) de correio	skrzynka (ż) pocztowa	['skʃiŋka pɔtʃ'tɔva]
correio (m)	poczta (ż)	['pɔtʃta]

mensagem (f)	wiadomość (ż)	[vʲa'dɔmɔɕtʃ]
remetente (m)	nadawca (m)	[na'daftsa]
enviar (vt)	wysłać	['viswatʃ]
envio (m)	wysłanie (n)	[vis'wane]

destinatário (m)	odbiorca (m)	[ɔd'bɔrtsa]
receber (vt)	dostać	['dɔstatʃ]

correspondência (f)	korespondencja (ż)	[kɔrɛspɔn'dɛntsʰja]
corresponder-se (vr)	korespondować	[kɔrɛspɔn'dɔvatʃ]

arquivo (m)	plik (m)	[plik]
fazer download, baixar (vt)	ściągnąć	[ɕtʃɔ̃gnɔɲtʃ]
criar (vt)	utworzyć	[ut'fɔʒitʃ]
deletar (vt)	usunąć	[u'sunɔ̃tʃ]
deletado (adj)	usunięty	[usu'nenti]

conexão (f)	połączenie (n)	[pɔwɔ̃t'ʃene]
velocidade (f)	szybkość (ż)	['ʃipkɔɕtʃ]
modem (m)	modem (m)	['mɔdɛm]
acesso (m)	dostęp (m)	['dɔstɛ̃p]
porta (f)	port (m)	[pɔrt]

conexão (f)	połączenie (n)	[pɔwɔ̃t'ʃene]
conectar (vi)	podłączyć się	[pɔd'wɔ̃tʃitʃ ɕɛ̃]
escolher (vt)	wybrać	['vibratʃ]
buscar (vt)	szukać	['ʃukatʃ]

103. Eletricidade

eletricidade (f)	elektryczność (ż)	[ɛlekt'ritʃnɔɕtʃ]
elétrico (adj)	elektryczny	[ɛlekt'ritʃni]
planta (f) elétrica	elektrownia (ż)	[ɛlekt'rɔvɲa]
energia (f)	energia (ż)	[ɛ'nɛrgja]
energia (f) elétrica	prąd (m)	[prɔ̃t]
lâmpada (f)	żarówka (ż)	[ʒa'rufka]
lanterna (f)	latarka (ż)	[ʎa'tarka]
poste (m) de iluminação	latarnia (ż)	[ʎa'tarɲa]
luz (f)	światło (n)	['ɕfʲatwɔ]
ligar (vt)	włączać	['vwɔ̃tʃatʃ]
desligar (vt)	wyłączać	[vɨ'wɔ̃tʃatʃ]
apagar a luz	zgasić światło	['zgaɕitʃ 'ɕfʲatwɔ]
queimar (vi)	spalić się	['spalitʃ ɕɛ̃]
curto-circuito (m)	krótkie zwarcie (n)	['krutke 'zvartʃe]
ruptura (f)	przerwanie (n) przewodu	[pʃɛri'vanie pʃɛ'vɔdu]
contato (m)	styk (m)	[stik]
interruptor (m)	wyłącznik (m)	[vɨ'wɔ̃tʃnik]
tomada (de parede)	gniazdko (n)	['gɲastkɔ]
plugue (m)	wtyczka (ż)	['ftɨtʃka]
extensão (f)	przedłużacz (m)	[pʃɛd'wuʒatʃ]
fusível (m)	bezpiecznik (m)	[bɛs'petʃnik]
fio, cabo (m)	przewód (m)	['pʃɛvut]
instalação (f) elétrica	instalacja (ż) elektryczna	[insta'ʎatsʰja ɛlekt'ritʃna]
ampère (m)	amper (m)	[am'pɛr]
amperagem (f)	natężenie (n) prądu	[natɛ̃'ʒɛne 'prɔ̃du]
volt (m)	wolt (m)	[vɔʎt]
voltagem (f)	napięcie (n)	[na'pɛ̃tʃe]
aparelho (m) elétrico	przyrząd (m) elektryczny	['pʃiʒɔ̃d ɛlekt'ritʃni]
indicador (m)	wskaźnik (m)	['fskazʲnik]
eletricista (m)	elektryk (m)	[ɛ'lektrik]
soldar (vt)	lutować	[ly'tɔvatʃ]
soldador (m)	lutownica (ż)	[lytɔv'nitsa]
corrente (f) elétrica	prąd (m)	[prɔ̃t]

104. Ferramentas

ferramenta (f)	narzędzie (n)	[na'ʒɛ̃dʒe]
ferramentas (f pl)	narzędzia (l.mn.)	[na'ʒɛ̃dʒʲa]
equipamento (m)	sprzęt (m)	[spʃɛ̃t]
martelo (m)	młotek (m)	['mwɔtɛk]
chave (f) de fenda	śrubokręt (m)	[ɕru'bɔkrɛ̃t]
machado (m)	siekiera (ż)	[ɕe'kera]

serra (f)	piła (ż)	['piwa]
serrar (vt)	piłować	[pi'wovatʃ]
plaina (f)	strug (m)	[struk]
aplainar (vt)	heblować	[hɛb'lɜvatʃ]
soldador (m)	lutownica (ż)	[lytɔv'nitsa]
soldar (vt)	lutować	[ly'tɔvatʃ]

lima (f)	pilnik (m)	['piʎnik]
tenaz (f)	obcęgi (l.mn.)	[ɔp'tsɛɲi]
alicate (m)	kombinerki (l.mn.)	[kɔmbi'nɛrki]
formão (m)	dłuto (n) stolarskie	['dwutɔ stɔ'ʎarske]

broca (f)	wiertło (n)	['vertwɔ]
furadeira (f) elétrica	wiertarka (ż)	[ver'tarka]
furar (vt)	wiercić	['vertʃitʃ]

faca (f)	nóż (m)	[nuʃ]
lâmina (f)	ostrze (n)	['ɔstʃɛ]

afiado (adj)	ostry	['ɔstri]
cego (adj)	tępy	['tɛpi]
embotar-se (vr)	stępić się	['stɛmpitʃ ɕɛ̃]
afiar, amolar (vt)	ostrzyć	['ɔstʃitʃ]

parafuso (m)	śruba (ż)	['ɕruba]
porca (f)	nakrętka (ż)	[nak'rɛntka]
rosca (f)	gwint (m)	[gvint]
parafuso (para madeira)	wkręt (m)	[fkrɛ̃t]

prego (m)	gwóźdź (m)	[gvuɕtʃ]
cabeça (f) do prego	główka (ż)	['gwufka]

régua (f)	linijka (ż)	[li'nijka]
fita (f) métrica	taśma (ż) miernicza	['taɕma mer'nitʃa]
nível (m)	poziomica (ż)	[pɔʒɜ'mitsa]
lupa (f)	lupa (ż)	['lypa]

medidor (m)	miernik (m)	['mernik]
medir (vt)	mierzyć	['meʒitʃ]
escala (f)	skala (ż)	['skaʎa]
indicação (f), registro (m)	odczyt (m)	['ɔdʃtʃit]

compressor (m)	sprężarka (ż)	[sprɛ̃'ʒarka]
microscópio (m)	mikroskop (m)	[mik'rɔskɔp]

bomba (f)	pompa (ż)	['pɔmpa]
robô (m)	robot (m)	['rɔbɔt]
laser (m)	laser (m)	['ʎasɛr]

chave (f) de boca	klucz (m) francuski	[klytʃ fran'tsuski]
fita (f) adesiva	taśma (ż) klejąca	['taɕma kleɔ̃tsa]
cola (f)	klej (m)	[klej]

lixa (f)	papier (m) ścierny	['paper 'ɕtʃerni]
mola (f)	sprężyna (ż)	[sprɛ̃'ʒina]
ímã (m)	magnes (m)	['magnɛs]

luva (f)	rękawiczki (l.mn.)	[rɛ̃ka'vitʃki]
corda (f)	sznurek (m)	['ʃnurɛk]
cabo (~ de nylon, etc.)	sznur (m)	[ʃnur]
fio (m)	przewód (m)	['pʃɛvut]
cabo (~ elétrico)	kabel (m)	['kabɛʎ]

marreta (f)	młot (m)	[mwɔt]
pé de cabra (m)	łom (m)	[wɔm]
escada (f) de mão	drabina (ż)	[dra'bina]
escada (m)	drabinka (ż) składana	[dra'biŋka skwa'dana]

enroscar (vt)	przekręcać	[pʃɛk'rɛntsatʃ]
desenroscar (vt)	odkręcać	[ɔtk'rɛntsatʃ]
apertar (vt)	zaciskać	[za'tʃiskatʃ]
colar (vt)	przyklejać	[pʃik'lejatʃ]
cortar (vt)	ciąć	[tʃɔ̃ⁱtʃ]

falha (f)	uszkodzenie (n)	[uʃkɔ'dzɛne]
conserto (m)	naprawa (ż)	[nap'rava]
consertar, reparar (vt)	reperować	[rɛpɛ'rɔvatʃ]
regular, ajustar (vt)	regulować	[rɛgu'lɔvatʃ]

verificar (vt)	sprawdzać	['spravdzatʃ]
verificação (f)	kontrola (ż)	[kɔnt'rɔʎa]
indicação (f), registro (m)	odczyt (m)	['ɔdʃtʃit]

| seguro (adj) | niezawodny | [neza'vɔdni] |
| complicado (adj) | złożony | [zwɔ'ʒɔni] |

enferrujar (vi)	rdzewieć	['rdzɛvetʃ]
enferrujado (adj)	zardzewiały	[zardzɛ'vʲawi]
ferrugem (f)	rdza (ż)	[rdza]

Transportes

105. Avião

avião (m)	samolot (m)	[sa'mɔlɜt]
passagem (f) aérea	bilet (m) lotniczy	['bilet lɜt'niʧi]
companhia (f) aérea	linie (l.mn.) lotnicze	['liɲje lɜt'niʧɛ]
aeroporto (m)	port (m) lotniczy	[pɔrt lɜt'niʧi]
supersônico (adj)	ponaddźwiękowy	[pɔnaddʒʲvɛ̃'kɔvi]
comandante (m) do avião	kapitan (m) statku	[ka'pitan 'statku]
tripulação (f)	załoga (ż)	[za'wɔga]
piloto (m)	pilot (m)	['pilɜt]
aeromoça (f)	stewardessa (ż)	[stʰjuar'dɛsa]
copiloto (m)	nawigator (m)	[navi'gatɔr]
asas (f pl)	skrzydła (l.mn.)	['skʃidwa]
cauda (f)	ogon (m)	['ɔgɔn]
cabine (f)	kabina (ż)	[ka'bina]
motor (m)	silnik (m)	['ɕiʎnik]
trem (m) de pouso	podwozie (n)	[pɔd'vɔʒe]
turbina (f)	turbina (ż)	[tur'bina]
hélice (f)	śmigło (n)	['ɕmigwɔ]
caixa-preta (f)	czarna skrzynka (ż)	['ʧarna 'skʃiŋka]
coluna (f) de controle	wolant (m)	['vɔʎant]
combustível (m)	paliwo (n)	[pa'livɔ]
instruções (f pl) de segurança	instrukcja (ż)	[inst'ruktsʰja]
máscara (f) de oxigênio	maska (ż) tlenowa	['maska tle'nɔva]
uniforme (m)	uniform (m)	[u'nifɔrm]
colete (m) salva-vidas	kamizelka (ż) ratunkowa	[kami'zɛʎka ratu'ŋkɔva]
paraquedas (m)	spadochron (m)	[spa'dɔhrɔn]
decolagem (f)	start (m)	[start]
descolar (vi)	startować	[star'tɔvaʧ]
pista (f) de decolagem	pas (m) startowy	[pas star'tɔvi]
visibilidade (f)	widoczność (ż)	[vi'dɔʧnɔɕʧ]
voo (m)	lot (m)	['lɜt]
altura (f)	wysokość (ż)	[vi'sɔkɔɕʧ]
poço (m) de ar	dziura (ż) powietrzna	['dʒyra pɔ'vetʃna]
assento (m)	miejsce (n)	['mejstsɛ]
fone (m) de ouvido	słuchawki (l.mn.)	[swu'hafki]
mesa (f) retrátil	stolik (m) rozkładany	['stɔlik rɔskwa'dani]
janela (f)	iluminator (m)	[ilymi'natɔr]
corredor (m)	przejście (n)	['pʃɛjɕʧe]

106. Comboio

trem (m)	pociąg (m)	['pɔtʃɔ̃k]
trem (m) elétrico	pociąg (m) podmiejski	['pɔtʃɔ̃k pɔd'mejski]
trem (m)	pociąg (m) pośpieszny	['pɔtʃɔ̃k pɔɕ'peʃni]
locomotiva (f) diesel	lokomotywa (ż)	[lɔkɔmɔ'tiva]
locomotiva (f) a vapor	parowóz (m)	[pa'rɔvus]
vagão (f) de passageiros	wagon (m)	['vagɔn]
vagão-restaurante (m)	wagon (m) restauracyjny	['vagɔn rɛstaura'tsijni]
carris (m pl)	szyny (l.mn.)	['ʃini]
estrada (f) de ferro	kolej (ż)	['kɔlej]
travessa (f)	podkład (m)	['pɔtkwat]
plataforma (f)	peron (m)	['pɛrɔn]
linha (f)	tor (m)	[tɔr]
semáforo (m)	semafor (m)	[sɛ'mafɔr]
estação (f)	stacja (ż)	['statsʰja]
maquinista (m)	maszynista (m)	[maʃi'nista]
bagageiro (m)	tragarz (m)	['tragaʃ]
hospedeiro, -a (m, f)	konduktor (m)	[kɔn'duktɔr]
passageiro (m)	pasażer (m)	[pa'saʒɛr]
revisor (m)	kontroler (m)	[kɔnt'rɔler]
corredor (m)	korytarz (m)	[kɔ'ritaʃ]
freio (m) de emergência	hamulec (m) bezpieczeństwa	[ha'mulets bɛzpet'ʃɛɲstfa]
compartimento (m)	przedział (m)	['pʃɛdʑiaw]
cama (f)	łóżko (n)	['wuʃkɔ]
cama (f) de cima	łóżko (n) górne	['wuʃkɔ 'gurnɛ]
cama (f) de baixo	łóżko (n) dolne	['wuʃkɔ 'dɔʎnɛ]
roupa (f) de cama	pościel (ż)	['pɔɕtʃeʎ]
passagem (f)	bilet (m)	['bilet]
horário (m)	rozkład (m) jazdy	['rɔskwad 'jazdi]
painel (m) de informação	tablica (ż) informacyjna	[tab'litsa infɔrma'tsijna]
partir (vt)	odjeżdżać	[ɔdʰ'eʒdʑatʃ]
partida (f)	odjazd (m)	['ɔdʰjast]
chegar (vi)	wjeżdżać	['vʰeʒdʑatʃ]
chegada (f)	przybycie (n)	[pʃi'bitʃe]
chegar de trem	przyjechać pociągiem	[pʃi'ehatʃ pɔtʃɔ̃gem]
pegar o trem	wsiąść do pociągu	[fɕɔ̃ɕtʃ dɔ pɔtʃɔ̃gu]
descer de trem	wysiąść z pociągu	['viɕɔ̃ɕtʃ s pɔtʃɔ̃gu]
acidente (m) ferroviário	katastrofa (ż)	[katast'rɔfa]
locomotiva (f) a vapor	parowóz (m)	[pa'rɔvus]
foguista (m)	palacz (m)	['paʎatʃ]
fornalha (f)	palenisko (n)	[pale'niskɔ]
carvão (m)	węgiel (m)	['vɛŋeʎ]

107. Barco

navio (m)	statek (m)	['statɛk]
embarcação (f)	okręt (m)	['ɔkrɛ̃t]
barco (m) a vapor	parowiec (m)	[pa'rɔvɛts]
barco (m) fluvial	motorowiec (m)	[mɔtɔ'rɔvɛts]
transatlântico (m)	liniowiec (m)	[li'ɲjɔvɛts]
cruzeiro (m)	krążownik (m)	[krɔ̃'ʒɔvnik]
iate (m)	jacht (m)	[jaht]
rebocador (m)	holownik (m)	[hɔ'lɔvnik]
barcaça (f)	barka (ż)	['barka]
ferry (m)	prom (m)	[prɔm]
veleiro (m)	żaglowiec (m)	[ʒag'lɔvɛts]
bergantim (m)	brygantyna (ż)	[brigan'tina]
quebra-gelo (m)	lodołamacz (m)	[lɔdɔ'wamatʃ]
submarino (m)	łódź (ż) podwodna	[wutʃ pɔd'vɔdna]
bote, barco (m)	łódź (ż)	[wutʃ]
baleeira (bote salva-vidas)	szalupa (ż)	[ʃa'lypa]
bote (m) salva-vidas	szalupa (ż)	[ʃa'lypa]
lancha (f)	motorówka (ż)	[mɔtɔ'rufka]
capitão (m)	kapitan (m)	[ka'pitan]
marinheiro (m)	marynarz (m)	[ma'rinaʃ]
marujo (m)	marynarz (m)	[ma'rinaʃ]
tripulação (f)	załoga (ż)	[za'wɔga]
contramestre (m)	bosman (m)	['bɔsman]
grumete (m)	chłopiec (m) okrętowy	['hwɔpɛts ɔkrɛ̃'tɔvi]
cozinheiro (m) de bordo	kucharz (m) okrętowy	['kuhaʃ ɔkrɛ̃'tɔvi]
médico (m) de bordo	lekarz (m) okrętowy	['lekaʃ ɔkrɛ̃'tɔvi]
convés (m)	pokład (m)	['pɔkwat]
mastro (m)	maszt (m)	[maʃt]
vela (f)	żagiel (m)	['ʒagɛʎ]
porão (m)	ładownia (ż)	[wa'dɔvɲa]
proa (f)	dziób (m)	[dʒyp]
popa (f)	rufa (ż)	['rufa]
remo (m)	wiosło (n)	['vɔswɔ]
hélice (f)	śruba (ż) napędowa	['ɕruba napɛ̃'dɔva]
cabine (m)	kajuta (ż)	[ka'juta]
sala (f) dos oficiais	mesa (ż)	['mɛsa]
sala (f) das máquinas	maszynownia (ż)	[maʃi'nɔvɲa]
ponte (m) de comando	mostek (m) kapitański	['mɔstɛk kapi'taɲski]
sala (f) de comunicações	radiokabina (ż)	[radʰɔka'bina]
onda (f)	fala (ż)	['faʎa]
diário (m) de bordo	dziennik (m) pokładowy	['dʒɛɲik pɔkwa'dɔvi]
luneta (f)	luneta (ż)	[ly'nɛta]
sino (m)	dzwon (m)	[dzvɔn]

bandeira (f)	bandera (ż)	[ban'dɛra]
cabo (m)	lina (ż)	['lina]
nó (m)	węzeł (m)	['vɛnzɛw]

| corrimão (m) | poręcz (ż) | ['pɔrɛ̃ʧ] |
| prancha (f) de embarque | trap (m) | [trap] |

âncora (f)	kotwica (ż)	[kɔt'fitsa]
recolher a âncora	podnieść kotwicę	['pɔdnɛɕʧ kɔt'fitsɛ̃]
jogar a âncora	zarzucić kotwicę	[za'ʒuʧiʧ kɔt'fitsɛ̃]
amarra (corrente de âncora)	łańcuch (m) kotwicy	['waɲtsuh kɔt'fitsi]

porto (m)	port (m)	[pɔrt]
cais, amarradouro (m)	nabrzeże (n)	[nab'ʒɛʒɛ]
atracar (vi)	cumować	[ʦu'mɔvaʧ]
desatracar (vi)	odbijać	[ɔd'bijaʧ]

viagem (f)	podróż (ż)	['pɔdruʃ]
cruzeiro (m)	podróż (ż) morska	['pɔdruʃ 'mɔrska]
rumo (m)	kurs (m)	[kurs]
itinerário (m)	trasa (ż)	['trasa]

canal (m) de navegação	tor (m) wodny	[tɔr 'vɔdni]
banco (m) de areia	mielizna (ż)	[me'lizna]
encalhar (vt)	osiąść na mieliźnie	['ɔɕɔ̃ɕʧ na me'liźne]

tempestade (f)	sztorm (m)	[ʃtɔrm]
sinal (m)	sygnał (m)	['siɡnaw]
afundar-se (vr)	tonąć	['tɔɔɲʧ]
SOS	SOS	[ɛs ɔ ɛs]
boia (f) salva-vidas	koło (n) ratunkowe	['kɔwɔ ratu'ŋkɔvɛ]

108. Aeroporto

aeroporto (m)	port (m) lotniczy	[pɔrt lɔt'niʧi]
avião (m)	samolot (m)	[sa'mɔlɔt]
companhia (f) aérea	linie (l.mn.) lotnicze	['liɲje lɔt'niʧɛ]
controlador (m) de tráfego aéreo	kontroler (m) lotów	[kɔnt'rɔler 'lɔtuf]

partida (f)	odlot (m)	['ɔdlɔt]
chegada (f)	przylot (m)	['pʃilɔt]
chegar (vi)	przylecieć	[pʃi'leʧeʧ]

| hora (f) de partida | godzina (ż) odlotu | [ɡɔ'ʤina ɔd'lɔtu] |
| hora (f) de chegada | godzina (ż) przylotu | [ɡɔ'ʤina pʃi'lɔtu] |

| estar atrasado | opóźniać się | [ɔ'puźɲaʧ ɕɛ̃] |
| atraso (m) de voo | opóźnienie (n) odlotu | [ɔpuź'nene ɔd'lɔtu] |

painel (m) de informação	tablica (ż) informacyjna	[tab'litsa informa'tsijna]
informação (f)	informacja (ż)	[infɔr'matsʰja]
anunciar (vt)	ogłaszać	[ɔɡ'waʃaʧ]
voo (m)	lot (m)	['lɔt]

alfândega (f)	urząd (m) celny	['uʒɔ̃t 'tsɛʎni]
funcionário (m) da alfândega	celnik (m)	['tsɛʎnik]
declaração (f) alfandegária	deklaracja (ż)	[dɛkʎa'ratsʰja]
preencher a declaração	wypełnić deklarację	[vi'pɛwnitʃ dɛkʎa'ratsʰɛ̃]
controle (m) de passaporte	odprawa (ż) paszportowa	[ɔtp'rava paʃpɔr'tɔva]
bagagem (f)	bagaż (m)	['bagaʃ]
bagagem (f) de mão	bagaż (m) podręczny	['bagaʃ pɔd'rɛntʃni]
carrinho (m)	wózek (m) bagażowy	['vuzɛk baga'ʒɔvi]
pouso (m)	lądowanie (n)	[lɔ̃dɔ'vane]
pista (f) de pouso	pas (m) startowy	[pas star'tɔvi]
aterrissar (vi)	lądować	[lɔ̃'dɔvatʃ]
escada (f) de avião	schody (l.mn.) do samolotu	['shɔdi dɔ samɔ'lɔtu]
check-in (m)	odprawa (ż) biletowa	[ɔtp'rava bile'tɔva]
balcão (m) do check-in	stanowisko (n) odprawy	[stanɔ'viskɔ ɔtp'ravi]
fazer o check-in	zgłosić się do odprawy	['zgwɔɕitʃ ɕɛ̃ dɔ ɔtp'ravi]
cartão (m) de embarque	karta (ż) pokładowa	['karta pɔkwa'dɔva]
portão (m) de embarque	wyjście (n) do odprawy	['vijɕtʃe dɔ ɔtp'ravi]
trânsito (m)	tranzyt (m)	['tranzit]
esperar (vi, vt)	czekać	['tʃɛkatʃ]
sala (f) de espera	poczekalnia (ż)	[pɔtʃɛ'kaʎna]
despedir-se (acompanhar)	odprowadzać	[ɔtprɔ'vadzatʃ]
despedir-se (dizer adeus)	żegnać się	['ʒɛgnatʃ ɕɛ̃]

Eventos

109. Férias. Evento

festa (f)	święto (n)	['ɕfentɔ]
feriado (m) nacional	święto (n) państwowe	['ɕfentɔ paɲst'fɔvɛ]
feriado (m)	dzień (m) świąteczny	[dʒeɲ ɕfɔ̃'tɛtʃni]
festejar (vt)	świętować	[ɕfɛ̃'tɔvatʃ]

evento (festa, etc.)	wydarzenie (n)	[vida'ʒɛne]
evento (banquete, etc.)	impreza (ż)	[imp'rɛza]
banquete (m)	bankiet (m)	['baŋket]
recepção (f)	przyjęcie (n)	[pʃi'ɛtʃe]
festim (m)	uczta (ż)	['utʃta]

aniversário (m)	rocznica (ż)	[rɔtʃ'nitsa]
jubileu (m)	jubileusz (m)	[jubi'leuʃ]
celebrar (vt)	obchodzić	[ɔp'hɔdʒitʃ]

Ano (m) Novo	Nowy Rok (m)	['nɔvi rɔk]
Feliz Ano Novo!	Szczęśliwego Nowego Roku!	[ʃtʃɛɲɕli'vɛgɔ nɔ'vɛgɔ 'rɔku]

Natal (m)	Boże Narodzenie (n)	['bɔʒɛ narɔ'dzene]
Feliz Natal!	Wesołych Świąt !	[vɛ'sɔwih ɕfɔ̃t]
árvore (f) de Natal	choinka (ż)	[hɔ'iŋka]
fogos (m pl) de artifício	sztuczne ognie (l.mn.)	['ʃtutʃne 'ɔgne]

casamento (m)	wesele (n)	[vɛ'sɛle]
noivo (m)	narzeczony (m)	[naʒɛt'ʃɔni]
noiva (f)	narzeczona (ż)	[naʒɛt'ʃɔna]

convidar (vt)	zapraszać	[zap'raʃatʃ]
convite (m)	zaproszenie (n)	[zaprɔ'ʃɛne]

convidado (m)	gość (m)	[gɔɕtʃ]
visitar (vt)	iść w gości	[iɕtʃ v 'gɔɕtʃi]
receber os convidados	witać gości	['vitatʃ 'gɔɕtʃi]

presente (m)	prezent (m)	['prɛzɛnt]
oferecer, dar (vt)	dawać w prezencie	['davatʃ f prɛ'zɛɲtʃe]
receber presentes	dostawać prezenty	[dɔs'tavatʃ prɛ'zɛnti]
buquê (m) de flores	bukiet (m)	['buket]

felicitações (f pl)	gratulacje (l.mn.)	[gratu'ʎatsʰe]
felicitar (vt)	gratulować	[gratu'lɔvatʃ]

cartão (m) de parabéns	kartka (ż) z życzeniami	['kartka z ʒitʃɛ'ɲami]
enviar um cartão postal	wysłać kartkę	['viswatʃ 'kartkɛ̃]
receber um cartão postal	dostać kartkę	['dɔstatʃ kartkɛ̃]

brinde (m)	toast (m)	['tɔast]
oferecer (vt)	częstować	[tʃɛs'tɔvatʃ]
champanhe (m)	szampan (m)	['ʃampan]

divertir-se (vr)	bawić się	['bavitʃ ɕɛ̃]
diversão (f)	zabawa (ż)	[za'bava]
alegria (f)	radość (ż)	['radɔɕtʃ]

dança (f)	taniec (m)	['tanets]
dançar (vi)	tańczyć	['tantʃitʃ]

valsa (f)	walc (m)	['vaʎts]
tango (m)	tango (n)	['taŋɔ]

110. Funerais. Enterro

cemitério (m)	cmentarz (m)	['tsmɛntaʃ]
sepultura (f), túmulo (m)	grób (m)	[grup]
cruz (f)	krzyż (m)	[kʃiʃ]
lápide (f)	nagrobek (m)	[nag'rɔbɛk]
cerca (f)	ogrodzenie (n)	[ɔgrɔ'dzɛne]
capela (f)	kaplica (ż)	[kap'litsa]

morte (f)	śmierć (ż)	[ɕmertʃ]
morrer (vi)	umrzeć	['umʒɛtʃ]
defunto (m)	zmarły (m)	['zmarvi]
luto (m)	żałoba (ż)	[ʒa'wɔba]

enterrar, sepultar (vt)	chować	['hɔvatʃ]
funerária (f)	zakład (m) pogrzebowy	['zakwat pɔgʒɛ'bɔvi]
funeral (m)	pogrzeb (m)	['pɔgʒɛp]

coroa (f) de flores	wieniec (m)	['venets]
caixão (m)	trumna (ż)	['trumna]
carro (m) funerário	karawan (m)	[ka'ravan]
mortalha (f)	całun (m)	['tsawun]

urna (f) funerária	urna (ż) pogrzebowa	['urna pɔgʒɛ'bɔva]
crematório (m)	krematorium (m)	[krɛma'tɔrʰjum]

obituário (m), necrologia (f)	nekrolog (m)	[nɛk'rɔlɔk]
chorar (vi)	płakać	['pwakatʃ]
soluçar (vi)	szlochać	['ʃlɔhatʃ]

111. Guerra. Soldados

pelotão (m)	pluton (m)	['plytɔn]
companhia (f)	rota (ż)	['rɔta]
regimento (m)	pułk (m)	[puwk]
exército (m)	armia (ż)	['armʰja]
divisão (f)	dywizja (ż)	[di'vizʰja]
esquadrão (m)	oddział (m)	['ɔddʑaw]

hoste (f)	wojsko (n)	['vɔjskɔ]
soldado (m)	żołnierz (m)	['ʒɔwnɛʃ]
oficial (m)	oficer (m)	[ɔ'fitsɛr]

soldado (m) raso	szeregowy (m)	[ʃɛrɛ'gɔvɨ]
sargento (m)	sierżant (m)	['ɕerʒant]
tenente (m)	podporucznik (m)	[pɔtpɔ'rutʃnik]
capitão (m)	kapitan (m)	[ka'pitan]
major (m)	major (m)	['majɔr]
coronel (m)	pułkownik (m)	[puw'kɔvnik]
general (m)	generał (m)	[gɛ'nɛraw]

marujo (m)	marynarz (m)	[ma'rinaʃ]
capitão (m)	kapitan (m)	[ka'pitan]
contramestre (m)	bosman (m)	['bɔsman]

artilheiro (m)	artylerzysta (m)	[artile'ʒista]
soldado (m) paraquedista	desantowiec (m)	[dɛsan'tɔvets]
piloto (m)	lotnik (m)	['lɔtnik]
navegador (m)	nawigator (m)	[navi'gatɔr]
mecânico (m)	mechanik (m)	[mɛ'hanik]

sapador-mineiro (m)	saper (m)	['sapɛr]
paraquedista (m)	spadochroniarz (m)	[spadɔh'rɔɲaʃ]
explorador (m)	zwiadowca (m)	[zvʲa'dɔftsa]
atirador (m) de tocaia	snajper (m)	['snajpɛr]

patrulha (f)	patrol (m)	['patrɔʎ]
patrulhar (vt)	patrolować	[patrɔ'lɔvatʃ]
sentinela (f)	wartownik (m)	[var'tɔvnik]

guerreiro (m)	wojownik (m)	[vɔɔvnik]
patriota (m)	patriota (m)	[patrʰɔta]
herói (m)	bohater (m)	[bɔ'hatɛr]
heroína (f)	bohaterka (ż)	[bɔha'tɛrka]

traidor (m)	zdrajca (m)	['zdrajtsa]
desertor (m)	dezerter (m)	[dɛ'zɛrtɛr]
desertar (vt)	dezerterować	[dɛzɛrtɛ'rɔvatʃ]

mercenário (m)	najemnik (m)	[na'emnik]
recruta (m)	rekrut (m)	['rɛkrut]
voluntário (m)	ochotnik (m)	[ɔ'hɔtnik]

morto (m)	zabity (m)	[za'bitɨ]
ferido (m)	ranny (m)	['raɲɨ]
prisioneiro (m) de guerra	jeniec (m)	['enets]

112. Guerra. Ações militares. Parte 1

guerra (f)	wojna (ż)	['vɔjna]
guerrear (vt)	wojować	[vɔɔvatʃ]
guerra (f) civil	wojna domowa (ż)	['vɔjna dɔ'mɔva]
perfidamente	wiarołomnie	[vʲarɔ'wɔmne]

declaração (f) de guerra	wypowiedzenie (n)	[vɨpɔve'dzɛne]
declarar guerra	wypowiedzieć (~ wojnę)	[vɨpɔ'vedʑetʃ 'vɔjnɛ̃]
agressão (f)	agresja (ż)	[ag'rɛsʰja]
atacar (vt)	napadać	[na'padatʃ]

invadir (vt)	najeźdźać	[na'jezdʒʲatʲ]
invasor (m)	najeźdźca (m)	[na'eɕtsa]
conquistador (m)	zdobywca (m)	[zdɔ'biftsa]

defesa (f)	obrona (ż)	[ɔb'rɔna]
defender (vt)	bronić	['brɔnitʃ]
defender-se (vr)	bronić się	['brɔnitʃ ɕɛ̃]

inimigo (m)	wróg (m)	[vruk]
adversário (m)	przeciwnik (m)	[pʃɛ'tʃivnik]
inimigo (adj)	wrogi	['vrɔgi]

| estratégia (f) | strategia (ż) | [stra'tɛgja] |
| tática (f) | taktyka (ż) | ['taktika] |

ordem (f)	rozkaz (m)	['rɔskas]
comando (m)	komenda (ż)	[kɔ'mɛnda]
ordenar (vt)	rozkazywać	[rɔska'zivatʃ]
missão (f)	zadanie (n)	[za'dane]
secreto (adj)	tajny	['tajnɨ]

| batalha (f) | bitwa (ż) | ['bitfa] |
| combate (m) | bój (m) | [buj] |

ataque (m)	atak (m)	['atak]
assalto (m)	szturm (m)	[ʃturm]
assaltar (vt)	szturmować	[ʃtur'mɔvatʃ]
assédio, sítio (m)	oblężenie (n)	[ɔblɛ̃'ʒɛne]

| ofensiva (f) | ofensywa (ż) | [ɔfɛn'siva] |
| tomar à ofensiva | nacierać | [na'tʃeratʃ] |

| retirada (f) | odwrót (m) | ['ɔdvrut] |
| retirar-se (vr) | wycofywać się | [vɨtsɔ'fivatʃ ɕɛ̃] |

| cerco (m) | okrążenie (n) | [ɔkrɔ̃'ʒɛne] |
| cercar (vt) | okrążyć | [ɔk'rɔ̃ʒitʲ] |

bombardeio (m)	bombardowanie (n)	[bɔmbardɔ'vane]
lançar uma bomba	zrzucić bombę	['zʒutʃitʃ 'bɔmbɛ̃]
bombardear (vt)	bombardować	[bɔmbar'dɔvatʃ]
explosão (f)	wybuch (m)	['vɨbuh]

tiro (m)	strzał (m)	[stʃaw]
dar um tiro	wystrzelić	[vist'ʃɛlitʃ]
tiroteio (m)	strzelanina (ż)	[stʃɛʎa'nina]

apontar para ...	celować	[tsɛ'lɔvatʃ]
apontar (vt)	wycelować	[vɨtsɛ'lɔvatʃ]
acertar (vt)	trafić	['trafitʃ]
afundar (~ um navio, etc.)	zatopić	[za'tɔpitʃ]

brecha (f)	dziura (ż)	['dʒyra]
afundar-se (vr)	iść na dno	[ictʃ na dnɔ]

frente (m)	front (m)	[frɔnt]
evacuação (f)	ewakuacja (ż)	[ɛvaku'atsʰja]
evacuar (vt)	ewakuować	[ɛvaku'ɔvatʃ]

arame (m) enfarpado	drut (m) kolczasty	[drut kɔʌt'ʃasti]
barreira (f) anti-tanque	zapora (ż)	[za'pɔra]
torre (f) de vigia	wieża (ż)	['veʒa]

hospital (m) militar	szpital (m)	['ʃpitaʌ]
ferir (vt)	ranić	['ranitʃ]
ferida (f)	rana (ż)	['rana]
ferido (m)	ranny (m)	['raɲi]
ficar ferido	zostać rannym	['zɔstatʃ 'raɲim]
grave (ferida ~)	ciężki	['tʃeɲʃki]

113. Guerra. Ações militares. Parte 2

cativeiro (m)	niewola (ż)	[ne'vɔʌa]
capturar (vt)	wziąć do niewoli	[vʒɔ̃itʃ dɔ ne'vɔli]
estar em cativeiro	być w niewoli	[bitʃ v ne'vɔli]
ser aprisionado	dostać się do niewoli	['dɔstatʃ cɛ̃ dɔ ne'vɔli]

campo (m) de concentração	obóz (m) koncentracyjny	['ɔbus kɔntsɛntra'tsijnɨ]
prisioneiro (m) de guerra	jeniec (m)	['enets]
escapar (vi)	uciekać	[u'tʃekatʃ]

trair (vt)	zdradzić	['zdradʒitʃ]
traidor (m)	zdrajca (m)	['zdrajtsa]
traição (f)	zdrada (ż)	['zdrada]

fuzilar, executar (vt)	rozstrzelać	[rɔst'ʃɛʌatʃ]
fuzilamento (m)	rozstrzelanie (n)	[rɔstʃɛ'ʌane]

equipamento (m)	umundurowanie (n)	[umundurɔ'vane]
insígnia (f) de ombro	pagon (m)	['pagɔn]
máscara (f) de gás	maska (ż) przeciwgazowa	['maska pʃɛtʃivga'zɔva]

rádio (m)	radiostacja (ż) przenośna	[radiɔs'tatsʰja pʃɛ'nɔɕna]
cifra (f), código (m)	szyfr (m)	[ʃifr]
conspiração (f)	konspiracja (ż)	[kɔnspi'ratsʰja]
senha (f)	hasło (n)	['haswɔ]

mina (f)	mina (ż)	['mina]
minar (vt)	zaminować	[zami'nɔvatʃ]
campo (m) minado	pole (n) minowe	['pɔle mi'nɔvɛ]

alarme (m) aéreo	alarm (m) przeciwlotniczy	['aʌarm pʃɛtʃiflɔt'nitʃi]
alarme (m)	alarm (m)	['aʌarm]
sinal (m)	sygnał (m)	['signaw]
sinalizador (m)	rakieta (ż) sygnalizacyjna	[ra'keta signaliza'tsijna]
quartel-general (m)	sztab (m)	[ʃtap]

reconhecimento (m)	rekonesans (m)	[rɛkɔ'nɛsans]
situação (f)	sytuacja (ż)	[situ'atsʰja]
relatório (m)	raport (m)	['rapɔrt]
emboscada (f)	zasadzka (ż)	[za'satska]
reforço (m)	posiłki (l.mn.)	[pɔ'ɕiwki]
alvo (m)	cel (m)	[ʦɛʎ]
campo (m) de tiro	poligon (m)	[pɔ'ligɔn]
manobras (f pl)	manewry (l.mn.)	[ma'nɛvri]
pânico (m)	panika (ż)	['panika]
devastação (f)	ruina (ż)	[ru'ina]
ruínas (f pl)	zniszczenia (l.mn.)	[zniʃt'ʃɛɲa]
destruir (vt)	niszczyć	['niʃʧiʧ]
sobreviver (vi)	przeżyć	['pʃɛʒiʧ]
desarmar (vt)	rozbroić	[rɔzb'rɔiʧ]
manusear (vt)	obchodzić się	[ɔp'hɔdʑiʧ ɕɛ̃]
Sentido!	Baczność!	['baʧnɔʨ]
Descansar!	Spocznij!	['spɔʧnij]
façanha (f)	czyn (m) bohaterski	[ʧin bɔha'tɛrski]
juramento (m)	przysięga (ż)	[pʃi'ɕeɲa]
jurar (vi)	przysięgać	[pʃi'ɕeɲaʧ]
condecoração (f)	odznaczenie (n)	[ɔdznat'ʃɛne]
condecorar (vt)	nagradzać	[nag'radzaʧ]
medalha (f)	medal (m)	['mɛdaʎ]
ordem (f)	order (m)	['ɔrdɛr]
vitória (f)	zwycięstwo (n)	[zvi'ʧenstfɔ]
derrota (f)	klęska (ż)	['klenska]
armistício (m)	rozejm (m)	['rɔzɛjm]
bandeira (f)	sztandar (m)	['ʃtandar]
glória (f)	chwała (ż)	['hfawa]
parada (f)	defilada (ż)	[dɛfi'ʎada]
marchar (vi)	maszerować	[maʃɛ'rɔvaʧ]

114. Armas

arma (f)	broń (ż)	[brɔɲ]
arma (f) de fogo	broń (ż) palna	[brɔɲ 'paʎna]
arma (f) branca	broń (ż) biała	[brɔɲ 'bʲawa]
arma (f) química	broń (ż) chemiczna	[brɔɲ hɛ'miʧna]
nuclear (adj)	nuklearny	[nukle'arni]
arma (f) nuclear	broń (ż) nuklearna	[brɔɲ nukle'arna]
bomba (f)	bomba (ż)	['bɔmba]
bomba (f) atômica	bomba atomowa (ż)	['bɔmba atɔ'mɔva]
pistola (f)	pistolet (m)	[pis'tɔlet]
rifle (m)	strzelba (ż)	['stʃɛʎba]

semi-automática (f)	automat (m)	[au'tɔmat]
metralhadora (f)	karabin (m) maszynowy	[ka'rabin maʃi'nɔvi]
boca (f)	wylot (m)	['viɫɜt]
cano (m)	lufa (ż)	['lyfa]
calibre (m)	kaliber (m)	[ka'libɛr]
gatilho (m)	spust (m)	[spust]
mira (f)	celownik (m)	[tsɛ'lɔvnik]
carregador (m)	magazynek (m)	[maga'zinɛk]
coronha (f)	kolba (ż)	['kɔʎba]
granada (f) de mão	granat (m)	['granat]
explosivo (m)	ładunek (m) wybuchowy	[wa'dunɛk vibu'hɔvi]
bala (f)	kula (ż)	['kuʎa]
cartucho (m)	nabój (m)	['nabuj]
carga (f)	ładunek (m)	[wa'dunɛk]
munições (f pl)	amunicja (ż)	[amu'nitsʰja]
bombardeiro (m)	bombowiec (m)	[bɔm'bɔvets]
avião (m) de caça	myśliwiec (m)	[miɕ'livets]
helicóptero (m)	helikopter (m)	[hɛli'kɔptɛr]
canhão (m) antiaéreo	działo (n) przeciwlotnicze	['dʒʲawɔ pʃɛtʃiflɜt'nitʃɛ]
tanque (m)	czołg (m)	[tʃɔwk]
canhão (de um tanque)	działo (n)	['dʒʲawɔ]
artilharia (f)	artyleria (ż)	[arti'lerʰja]
fazer a pontaria	wycelować	[vitsɛ'lɜvatʃ]
projétil (m)	pocisk (m)	['pɔtʃisk]
granada (f) de morteiro	pocisk (m) moździerzowy	['pɔtʃisk mɔzdzi'ʒɔvi]
morteiro (m)	moździerz (m)	['mɔzʲdʒeʃ]
estilhaço (m)	odłamek (m)	[ɔd'wamɛk]
submarino (m)	łódź (ż) podwodna	[wutʃ pɔd'vɔdna]
torpedo (m)	torpeda (ż)	[tɔr'pɛda]
míssil (m)	rakieta (ż)	[ra'keta]
carregar (uma arma)	ładować	[wa'dɔvatʃ]
disparar, atirar (vi)	strzelać	['stʃɛʎatʃ]
apontar para …	celować	[tsɛ'lɜvatʃ]
baioneta (f)	bagnet (m)	['bagnɛt]
espada (f)	szpada (ż)	['ʃpada]
sabre (m)	szabla (ż)	['ʃabʎa]
lança (f)	kopia (ż), włócznia (ż)	['kɔpʰja], ['vwɔtʃna]
arco (m)	łuk (m)	[wuk]
flecha (f)	strzała (ż)	['stʃawa]
mosquete (m)	muszkiet (m)	['muʃket]
besta (f)	kusza (ż)	['kuʃa]

115. Povos da antiguidade

primitivo (adj)	pierwotny	[per'vɔtni]
pré-histórico (adj)	prehistoryczny	[prɛhistɔ'ritʃni]
antigo (adj)	dawny	['davni]
Idade (f) da Pedra	Epoka (ż) kamienna	[ɛ'pɔka ka'meŋa]
Idade (f) do Bronze	Epoka (ż) brązu	[ɛ'pɔka 'brõzu]
Era (f) do Gelo	Epoka (ż) lodowcowa	[ɛ'pɔka lɔdɔf'tsɔva]
tribo (f)	plemię (n)	['plemɛ̃]
canibal (m)	kanibal (m)	[ka'nibaʎ]
caçador (m)	myśliwy (m)	[miɕ'livi]
caçar (vi)	polować	[pɔ'lɔvatʃ]
mamute (m)	mamut (m)	['mamut]
caverna (f)	jaskinia (ż)	[jas'kiɲa]
fogo (m)	ogień (m)	['ɔgeɲ]
fogueira (f)	ognisko (n)	[ɔg'niskɔ]
pintura (f) rupestre	malowidło (n) naskalne	[malɔ'vidwɔ nas'kaʎnɛ]
ferramenta (f)	narzędzie (n) pracy	[na'ʒɛ̃dʑe 'pratsi]
lança (f)	kopia (ż), włócznia (ż)	['kɔpʰja], ['vwɔtʃna]
machado (m) de pedra	topór (m) kamienny	['tɔpur ka'meɲi]
guerrear (vt)	wojować	[vɔɔvatʃ]
domesticar (vt)	oswajać zwierzęta	[ɔs'fajatʃ zve'ʒɛnta]
ídolo (m)	bożek (m)	['bɔʒɛk]
adorar, venerar (vt)	czcić	[tʃtʃitʃ]
superstição (f)	przesąd (m)	['pʃɛsõt]
ritual (m)	obrzęd (m)	['ɔbʒɛ̃t]
evolução (f)	ewolucja (ż)	[ɛvɔ'lytsʰja]
desenvolvimento (m)	rozwój (m)	['rɔzvuj]
extinção (f)	zniknięcie (n)	[znik'nɛ̃tʃe]
adaptar-se (vr)	adaptować się	[adap'tɔvatʃ ɕɛ̃]
arqueologia (f)	archeologia (ż)	[arhɛɔ'lɔgʰja]
arqueólogo (m)	archeolog (m)	[arhɛ'ɔlɔk]
arqueológico (adj)	archeologiczny	[arhɛɔlɔ'gitʃni]
escavação (sítio)	wykopaliska (l.mn.)	[vikɔpa'liska]
escavações (f pl)	prace (l.mn.) wykopaliskowe	['pratsɛ vikɔpalis'kɔvɛ]
achado (m)	znalezisko (n)	[znale'ʑiskɔ]
fragmento (m)	fragment (m)	['fragmɛnt]

116. Idade média

povo (m)	naród (m)	['narut]
povos (m pl)	narody (l.mn.)	[na'rɔdi]
tribo (f)	plemię (n)	['plemɛ̃]
tribos (f pl)	plemiona (l.mn.)	[ple'mɔna]
bárbaros (pl)	Barbarzyńcy (l.mn.)	[barba'ʒiɲtsi]

galeses (pl)	Gallowie (l.mn.)	[gal'lɜve]
godos (pl)	Goci (l.mn.)	['gɔtʃi]
eslavos (pl)	Słowianie (l.mn.)	[swɔ'vʲane]
viquingues (pl)	Wikingowie (l.mn.)	[viki'ŋɔve]
romanos (pl)	Rzymianie (l.mn.)	[ʒi'mʲane]
romano (adj)	rzymski	['ʒimski]
bizantinos (pl)	Bizantyjczycy (l.mn.)	[bizantijt'ʃitsi]
Bizâncio	Bizancjum (n)	[bi'zantsʰjum]
bizantino (adj)	bizantyjski	[bizan'tijski]
imperador (m)	cesarz (m)	['tsɛsaʃ]
líder (m)	wódz (m)	[vuts]
poderoso (adj)	potężny	[pɔ'tɛnʒni]
rei (m)	król (m)	[kruʎ]
governante (m)	władca (m)	['vwattsa]
cavaleiro (m)	rycerz (m)	['ritsɛʃ]
senhor feudal (m)	feudał (m)	[fɛ'udaw]
feudal (adj)	feudalny	[fɛu'daʎni]
vassalo (m)	wasal (m)	['vasaʎ]
duque (m)	książę (m)	[kɕɔ̃ʒɛ̃]
conde (m)	hrabia (m)	['hrabʲa]
barão (m)	baron (m)	['barɔn]
bispo (m)	biskup (m)	['biskup]
armadura (f)	zbroja (ż)	['zbrɔja]
escudo (m)	tarcza (ż)	['tartʃa]
espada (f)	miecz (m)	[metʃ]
viseira (f)	przyłbica (ż)	[pʃiw'bitsa]
cota (f) de malha	kolczuga (ż)	[kɔʎt'ʃuga]
cruzada (f)	wyprawa (ż) krzyżowa	[vip'rava kʃi'ʒɔva]
cruzado (m)	krzyżak (m)	['kʃiʒak]
território (m)	terytorium (n)	[tɛriˈtɔrʰjum]
atacar (vt)	napadać	[na'padatʃ]
conquistar (vt)	zawojować	[zavɔɔvatʃ]
ocupar, invadir (vt)	zająć	['zaɔ̃tʃ]
assédio, sítio (m)	oblężenie (n)	[ɔblɛ̃'ʒene]
sitiado (adj)	oblężony	[ɔblɛ̃'ʒɔni]
assediar, sitiar (vt)	oblegać	[ɔb'legatʃ]
inquisição (f)	inkwizycja (ż)	[iŋkfi'zitsʰja]
inquisidor (m)	inkwizytor (m)	[iŋkfi'zitɔr]
tortura (f)	tortury (l.mn.)	[tɔr'turi]
cruel (adj)	okrutny	[ɔk'rutni]
herege (m)	heretyk (m)	[hɛ'rɛtik]
heresia (f)	herezja (ż)	[hɛ'rɛzʰja]
navegação (f) marítima	nawigacja (ż)	[navi'gatsʰja]
pirata (m)	pirat (m)	['pirat]
pirataria (f)	piractwo (n)	[pi'ratstfɔ]

abordagem (f)	**abordaż** (m)	[a'bɔrdaʃ]
presa (f), butim (m)	**łup** (m)	[wup]
tesouros (m pl)	**skarby** (l.mn.)	['skarbi]

descobrimento (m)	**odkrycie** (n)	[ɔtk'ritʃe]
descobrir (novas terras)	**odkryć**	['ɔtkritʃ]
expedição (f)	**ekspedycja** (ż)	[ɛkspɛ'ditsʰja]

mosqueteiro (m)	**muszkieter** (m)	[muʃ'ketɛr]
cardeal (m)	**kardynał** (m)	[kar'dinaw]
heráldica (f)	**heraldyka** (ż)	[hɛ'raʎdika]
heráldico (adj)	**heraldyczny**	[hɛraʎ'ditʃni]

117. Líder. Chefe. Autoridades

rei (m)	**król** (m)	[kruʎ]
rainha (f)	**królowa** (ż)	[kru'lɔva]
real (adj)	**królewski**	[kru'lefski]
reino (m)	**królestwo** (n)	[kru'lestfɔ]

príncipe (m)	**książę** (m)	[kɕɔ̃ʒɛ̃]
princesa (f)	**księżniczka** (ż)	[kɕɛ̃ʒ'nitʃka]

presidente (m)	**prezydent** (m)	[prɛ'zidɛnt]
vice-presidente (m)	**wiceprezydent** (m)	[vitsɛprɛ'zidɛnt]
senador (m)	**senator** (m)	[sɛ'natɔr]

monarca (m)	**monarcha** (m)	[mɔ'narha]
governante (m)	**władca** (m)	['vwattsa]
ditador (m)	**dyktator** (m)	[dik'tatɔr]
tirano (m)	**tyran** (m)	['tiran]
magnata (m)	**magnat** (m)	['magnat]

diretor (m)	**dyrektor** (m)	[di'rɛktɔr]
chefe (m)	**szef** (m)	[ʃɛf]
gerente (m)	**kierownik** (m)	[ke'rɔvnik]
patrão (m)	**szef** (m)	[ʃɛf]
dono (m)	**właściciel** (m)	[vwaɕ'tʃitʃeʎ]

chefe (m)	**głowa** (ż)	['gwɔva]
autoridades (f pl)	**władze** (l.mn.)	['vwadzɛ]
superiores (m pl)	**kierownictwo** (n)	[kerɔv'nitstfɔ]

governador (m)	**gubernator** (m)	[gubɛr'natɔr]
cônsul (m)	**konsul** (m)	['kɔnsuʎ]
diplomata (m)	**dyplomata** (m)	[diplɜ'mata]

Presidente (m) da Câmara	**mer** (m)	[mɛr]
xerife (m)	**szeryf** (m)	['ʃɛrif]

imperador (m)	**cesarz** (m)	['tsɛsaʃ]
czar (m)	**car** (m)	[tsar]
faraó (m)	**faraon** (m)	[fa'raɔn]
cã, khan (m)	**chan** (m)	[han]

118. Violação da lei. Criminosos. Parte 1

bandido (m)	bandyta (m)	[ban'dita]
crime (m)	przestępstwo (n)	[pʃɛs'tɛ̃pstfɔ]
criminoso (m)	przestępca (m)	[pʃɛs'tɛ̃ptsa]

ladrão (m)	złodziej (m)	['zwɔdʒej]
roubar (vt)	kraść	[kraɕʧ]
roubo (atividade)	złodziejstwo (n)	[zwɔ'dʒejstfɔ]
furto (m)	kradzież (ż)	['kradʒeʃ]

raptar, sequestrar (vt)	porwać	['pɔrvaʧ]
sequestro (m)	porwanie (n)	[pɔr'vane]
sequestrador (m)	porywacz (m)	[pɔ'rivaʧ]

| resgate (m) | okup (m) | ['ɔkup] |
| pedir resgate | żądać okupu | ['ʒɔ̃daʧ ɔ'kupu] |

| roubar (vt) | rabować | [ra'bɔvaʧ] |
| assaltante (m) | rabuś (m) | ['rabuɕ] |

extorquir (vt)	wymuszać	[vi'muʃaʧ]
extorsionário (m)	szantażysta (m)	[ʃanta'ʒista]
extorsão (f)	wymuszanie (n)	[vimu'ʃane]

matar, assassinar (vt)	zabić	['zabiʧ]
homicídio (m)	zabójstwo (n)	[za'bujstfɔ]
homicida, assassino (m)	zabójca (m)	[za'bujtsa]

tiro (m)	strzał (m)	[stʃaw]
dar um tiro	wystrzelić	[vist'ʃɛliʧ]
matar a tiro	zastrzelić	[zast'ʃɛliʧ]
disparar, atirar (vi)	strzelać	['stʃɛʎaʧ]
tiroteio (m)	strzelanina (ż)	[stʃɛʎa'nina]

incidente (m)	wypadek (m)	[vi'padɛk]
briga (~ de rua)	bójka (ż)	['bujka]
vítima (f)	ofiara (ż)	[ɔ'fʲara]

danificar (vt)	uszkodzić	[uʃ'kɔdʒiʧ]
dano (m)	uszczerbek (m)	[uʃt'ʃɛrbɛk]
cadáver (m)	zwłoki (l.mn.)	['zvwɔki]
grave (adj)	ciężki	['ʧenʃki]

atacar (vt)	napaść	['napaɕʧ]
bater (espancar)	bić	[biʧ]
espancar (vt)	pobić	['pɔbiʧ]
tirar, roubar (dinheiro)	zabrać	['zabraʧ]
esfaquear (vt)	zadźgać	['zʲadʑgaʧ]
mutilar (vt)	okaleczyć	[ɔka'leʧiʧ]
ferir (vt)	zranić	['zraniʧ]

chantagem (f)	szantaż (m)	['ʃantaʃ]
chantagear (vt)	szantażować	[ʃanta'ʒɔvaʧ]
chantagista (m)	szantażysta (m)	[ʃanta'ʒista]

extorsão (f)	wymuszania (l.mn.)	[vimu'ʃaɲa]
extorsionário (m)	kanciarz (m)	['kantʃaʃ]
gângster (m)	gangster (m)	['gaŋstɛr]
máfia (f)	mafia (ż)	['mafʰja]

punguista (m)	kieszonkowiec (m)	[keʃɔ'ŋkɔveɪs]
assaltante, ladrão (m)	włamywacz (m)	[vwa'mivatʃ]
contrabando (m)	przemyt (m)	['pʃɛmit]
contrabandista (m)	przemytnik (m)	[pʃɛ'mitnik]

falsificação (f)	falsyfikat (m)	[faʎsi'fikat]
falsificar (vt)	podrabiać	[pɔd'rabʲatʃ]
falsificado (adj)	fałszywy	[faw'ʃivi]

119. Violação da lei. Criminosos. Parte 2

estupro (m)	gwałt (m)	[gvawt]
estuprar (vt)	zgwałcić	['gvawtʃitʃ]
estuprador (m)	gwałciciel (m)	[gvaw'tʃitʃeʎ]
maníaco (m)	maniak (m)	['maɲjak]

prostituta (f)	prostytutka (ż)	[prɔsti'tutka]
prostituição (f)	prostytucja (ż)	[prɔsti'tutsʰja]
cafetão (m)	sutener (m)	[su'tɛnɛr]

| drogado (m) | narkoman (m) | [nar'kɔman] |
| traficante (m) | handlarz narkotyków (m) | ['handʎaʒ narkɔ'tikuf] |

explodir (vt)	wysadzić w powietrze	[vi'sadʒitʃ f pɔ'vetʃɛ]
explosão (f)	wybuch (m)	['vibuh]
incendiar (vt)	podpalić	[pɔt'palitʃ]
incendiário (m)	podpalacz (m)	[pɔt'paʎatʃ]

terrorismo (m)	terroryzm (m)	[tɛ'rɔrizm]
terrorista (m)	terrorysta (m)	[tɛrɔ'rista]
refém (m)	zakładnik (m)	[zak'wadnik]

enganar (vt)	oszukać	[ɔ'ʃukatʃ]
engano (m)	oszustwo (n)	[ɔ'ʃustfɔ]
vigarista (m)	oszust (m)	['ɔʃust]

subornar (vt)	przekupić	[pʃɛ'kupitʃ]
suborno (atividade)	przekupstwo (n)	[pʃɛ'kupstfɔ]
suborno (dinheiro)	łapówka (ż)	[wa'pufka]

veneno (m)	trucizna (ż)	[tru'tʃizna]
envenenar (vt)	otruć	['ɔtrutʃ]
envenenar-se (vr)	otruć się	['ɔtrutʃ ɕɛ̃]

| suicídio (m) | samobójstwo (ż) | [samɔ'bujstfɔ] |
| suicida (m) | samobójca (m) | [samɔ'bujtsa] |

| ameaçar (vt) | grozić | ['grɔʒitʃ] |
| ameaça (f) | groźba (ż) | ['grɔʑba] |

atentar contra a vida de ...	**targnąć się**	['targnɔ̃tʃ ɕɛ̃]
atentado (m)	**zamach** (m)	['zamah]
roubar (um carro)	**ukraść**	['ukraɕtʃ]
sequestrar (um avião)	**porwać**	['pɔrvatʃ]
vingança (f)	**zemsta** (ż)	['zɛmsta]
vingar (vt)	**mścić się**	[mɕtʃitʃ ɕɛ̃]
torturar (vt)	**torturować**	[tɔrtu'rɔvatʃ]
tortura (f)	**tortury** (l.mn.)	[tɔr'turi]
atormentar (vt)	**znęcać się**	['znɛntsatʃ ɕɛ̃]
pirata (m)	**pirat** (m)	['pirat]
desordeiro (m)	**chuligan** (m)	[hu'ligan]
armado (adj)	**uzbrojony**	[uzbrɔɔni]
violência (f)	**przemoc** (ż)	['pʃɛmɔts]
espionagem (f)	**szpiegostwo** (n)	[ʃpe'gɔstfɔ]
espionar (vi)	**szpiegować**	[ʃpe'gɔvatʃ]

120. Polícia. Lei. Parte 1

justiça (sistema de ~)	**sprawiedliwość** (ż)	[spraved'livɔtʃ]
tribunal (m)	**sąd** (m)	[sɔ̃t]
juiz (m)	**sędzia** (m)	['sɛ̃dʒ'a]
jurados (m pl)	**przysięgli** (l.mn.)	[pʃi'ɕeɲli]
tribunal (m) do júri	**sąd** (m) **przysięgłych**	[sɔ̃t pʃi'ɕeŋwih]
julgar (vt)	**sądzić**	['sɔ̃ʲdʒitʃ]
advogado (m)	**adwokat** (m)	[ad'vɔkat]
réu (m)	**oskarżony** (m)	[ɔskar'ʒɔni]
banco (m) dos réus	**ława** (ż) **oskarżonych**	['wava ɔskar'ʒɔnih]
acusação (f)	**oskarżenie** (n)	[ɔskar'ʒɛne]
acusado (m)	**oskarżony** (m)	[ɔskar'ʒɔni]
sentença (f)	**wyrok** (m)	['virɔk]
sentenciar (vt)	**skazać**	['skazatʃ]
culpado (m)	**sprawca** (m), **winny** (m)	['spraftsa], ['viɲi]
punir (vt)	**ukarać**	[u'karatʃ]
punição (f)	**kara** (ż)	['kara]
multa (f)	**kara** (ż)	['kara]
prisão (f) perpétua	**dożywocie** (n)	[dɔʒi'vɔtʃe]
pena (f) de morte	**kara śmierci** (ż)	['kara 'ɕmertʃi]
cadeira (f) elétrica	**krzesło** (n) **elektryczne**	['kʃɛswɔ ɛlekt'ritʃnɛ]
forca (f)	**szubienica** (ż)	[ʃube'nitsa]
executar (vt)	**stracić**	['stratʃitʃ]
execução (f)	**egzekucja** (ż)	[ɛgzɛ'kutsʰja]
prisão (f)	**więzienie** (n)	[vɛ̃'ʒene]

115

cela (f) de prisão	cela (ż)	['tsɛʌa]
escolta (f)	konwój (m)	['kɔnvuj]
guarda (m) prisional	nadzorca (m)	[na'dzɔrtsa]
preso, prisioneiro (m)	więzień (m)	['vɛɲʒɛ̃]

algemas (f pl)	kajdanki (l.mn.)	[kaj'daŋki]
algemar (vt)	założyć kajdanki	[za'wɔʒit͡ʃ kaj'daŋki]

fuga, evasão (f)	ucieczka (ż)	[u't͡ʃet͡ʃka]
fugir (vi)	uciec	['ut͡ʃets]
desaparecer (vi)	zniknąć	['zniknɔ̃t͡ʃ]
soltar, libertar (vt)	zwolnić	['zvɔʌnit͡ʃ]
anistia (f)	amnestia (ż)	[am'nɛstʰja]

polícia (instituição)	policja (ż)	[pɔ'litsʰja]
polícia (m)	policjant (m)	[pɔ'litsʰjant]
delegacia (f) de polícia	komenda (ż)	[kɔ'mɛnda]
cassetete (m)	pałka (ż) gumowa	['pawka gu'mɔva]
megafone (m)	głośnik (m)	['gwɔɕnik]

carro (m) de patrulha	samochód (m) patrolowy	[sa'mɔhut patrɔ'lɔvi]
sirene (f)	syrena (ż)	[si'rɛna]
ligar a sirene	włączyć syrenę	['vwɔ̃t͡ʃit͡ʃ si'rɛnɛ̃]
toque (m) da sirene	wycie (n) syreny	['vit͡ʃe si'rɛni]

cena (f) do crime	miejsce (n) zdarzenia	['mejstsɛ zda'ʒɛɲa]
testemunha (f)	świadek (m)	['ɕfʲadɛk]
liberdade (f)	wolność (ż)	['vɔʌnɔɕt͡ʃ]
cúmplice (m)	współsprawca (m)	[fspuwsp'raftsa]
escapar (vi)	ukryć się	['ukrit͡ʃ ɕɛ̃]
traço (não deixar ~s)	ślad (m)	[ɕʌat]

121. Polícia. Lei. Parte 2

procura (f)	poszukiwania (l.mn.)	[pɔʃuki'vaɲa]
procurar (vt)	poszukiwać	[pɔʃu'kivat͡ʃ]
suspeita (f)	podejrzenie (n)	[pɔdɛj'ʒene]
suspeito (adj)	podejrzany	[pɔdɛj'ʒani]
parar (veículo, etc.)	zatrzymać	[zat'ʃimat͡ʃ]
deter (fazer parar)	zatrzymać	[zat'ʃimat͡ʃ]

caso (~ criminal)	sprawa (ż)	['sprava]
investigação (f)	śledztwo (n)	['ɕletstfɔ]
detetive (m)	detektyw (m)	[dɛ'tɛktiv]
investigador (m)	śledczy (m)	['ɕlett͡ʃi]
versão (f)	wersja (ż)	['vɛrsʰja]

motivo (m)	motyw (m)	['mɔtif]
interrogatório (m)	przesłuchanie (n)	[pʃɛswu'hane]
interrogar (vt)	przesłuchiwać	[pʃɛswu'hivat͡ʃ]
questionar (vt)	przesłuchiwać	[pʃɛswu'hivat͡ʃ]
verificação (f)	kontrola (ż)	[kɔnt'rɔʌa]
batida (f) policial	obława (ż)	[ɔb'wava]
busca (f)	rewizja (ż)	[rɛ'vizʰja]

perseguição (f)	pogoń (ż)	['pɔgɔɲ]
perseguir (vt)	ścigać	['ɕtʃigatʃ]
seguir, rastrear (vt)	śledzić	['ɕledʑitʃ]

prisão (f)	areszt (m)	['arɛʃt]
prender (vt)	aresztować	[arɛʃ'tɔvatʃ]
pegar, capturar (vt)	złapać	['zwapatʃ]
captura (f)	pojmanie (n)	[pɔj'manie]

documento (m)	dokument (m)	[dɔ'kumɛnt]
prova (f)	dowód (m)	['dɔvut]
provar (vt)	udowadniać	[udɔ'vadɲatʃ]
pegada (f)	ślad (m)	[ɕʎat]
impressões (f pl) digitais	odciski (l.mn.) palców	[ɔ'tʃiski 'paʎtsuf]
prova (f)	poszlaka (ż)	[pɔʃ'ʎaka]

álibi (m)	alibi (n)	[a'libi]
inocente (adj)	niewinny	[ne'viɲi]
injustiça (f)	niesprawiedliwość (ż)	[nespraved'livɔɕtʃ]
injusto (adj)	niesprawiedliwy	[nespraved'livi]

criminal (adj)	kryminalny	[krimi'naʎni]
confiscar (vt)	konfiskować	[kɔnfis'kɔvatʃ]
droga (f)	narkotyk (m)	[nar'kɔtik]
arma (f)	broń (ż)	[brɔɲ]
desarmar (vt)	rozbroić	[rɔzb'rɔitʃ]
ordenar (vt)	rozkazywać	[rɔska'zivatʃ]
desaparecer (vi)	zniknąć	['zniknɔ̃tʃ]

lei (f)	prawo (n)	['pravo]
legal (adj)	legalny	[le'gaʎni]
ilegal (adj)	nielegalny	[nele'gaʎni]

responsabilidade (f)	odpowiedzialność (ż)	[ɔtpɔve'dʑaʎnɔɕtʃ]
responsável (adj)	odpowiedzialny	[ɔtpɔve'dʑaʎni]

NATUREZA

A Terra. Parte 1

122. Espaço sideral

espaço, cosmo (m)	kosmos (m)	['kɔsmɔs]
espacial, cósmico (adj)	kosmiczny	[kɔs'mitʃni]
espaço (m) cósmico	przestrzeń (ż) kosmiczna	['pʃɛstʃɛɲ kɔs'mitʃna]
mundo (m)	świat (m)	[ɕfʲat]
universo (m)	wszechświat (m)	['fʃɛhɕfʲat]
galáxia (f)	galaktyka (ż)	[ga'ʎaktika]
estrela (f)	gwiazda (ż)	['gvʲazda]
constelação (f)	gwiazdozbiór (m)	[gvʲaz'dɔzbyr]
planeta (m)	planeta (ż)	[pʎa'nɛta]
satélite (m)	satelita (m)	[satɛ'lita]
meteorito (m)	meteoryt (m)	[mɛtɛ'ɔrit]
cometa (m)	kometa (ż)	[kɔ'mɛta]
asteroide (m)	asteroida (ż)	[astɛrɔ'ida]
órbita (f)	orbita (ż)	[ɔr'bita]
girar (vi)	obracać się	[ɔb'ratsatʃ ɕɛ̃]
atmosfera (f)	atmosfera (ż)	[atmɔs'fɛra]
Sol (m)	Słońce (n)	['swɔɲtsɛ]
Sistema (m) Solar	Układ (m) Słoneczny	['ukwad swɔ'nɛtʃni]
eclipse (m) solar	zaćmienie (n) słońca	[zatʃ'mene 'swɔɲtsa]
Terra (f)	Ziemia (ż)	['ʒemʲa]
Lua (f)	Księżyc (m)	['kɕɛnʒits]
Marte (m)	Mars (m)	[mars]
Vênus (f)	Wenus (ż)	['vɛnus]
Júpiter (m)	Jowisz (m)	[ɟviʃ]
Saturno (m)	Saturn (m)	['saturn]
Mercúrio (m)	Merkury (m)	[mɛr'kuri]
Urano (m)	Uran (m)	['uran]
Netuno (m)	Neptun (m)	['nɛptun]
Plutão (m)	Pluton (m)	['plytɔn]
Via Láctea (f)	Droga (ż) Mleczna	['drɔga 'mletʃna]
Ursa Maior (f)	Wielki Wóz (m)	['veʎki vus]
Estrela Polar (f)	Gwiazda (ż) Polarna	['gvʲazda pɔ'ʎarna]
marciano (m)	Marsjanin (m)	[marsʰ'janin]
extraterrestre (m)	kosmita (m)	[kɔs'mita]

| alienígena (m) | obcy (m) | ['ɔbtsi] |
| disco (m) voador | talerz (m) latający | ['taleʃ ʎataɔ̃tsi] |

espaçonave (f)	statek (m) kosmiczny	['statɛk kɔs'mitʃni]
estação (f) orbital	stacja (ż) kosmiczna	['statsʰja kɔs'mitʃna]
lançamento (m)	start (m)	[start]

motor (m)	silnik (m)	['ɕiʎnik]
bocal (m)	dysza (ż)	['diʃa]
combustível (m)	paliwo (n)	[pa'livɔ]

cabine (f)	kabina (ż)	[ka'bina]
antena (f)	antena (ż)	[an'tɛna]
vigia (f)	iluminator (m)	[ilymi'natɔr]
bateria (f) solar	bateria (ż) słoneczna	[ba'tɛrʲja swɔ'nɛtʃna]
traje (m) espacial	skafander (m)	[ska'fandɛr]

| imponderabilidade (f) | nieważkość (ż) | [ne'vaʃkɔɕtʃ] |
| oxigênio (m) | tlen (m) | [tlen] |

| acoplagem (f) | połączenie (n) | [pɔwɔ̃t'ʃɛne] |
| fazer uma acoplagem | łączyć się | ['wɔ̃tʃitʃ ɕɛ̃] |

observatório (m)	obserwatorium (n)	[ɔbsɛrva'tɔrʰjum]
telescópio (m)	teleskop (m)	[tɛ'leskɔp]
observar (vt)	obserwować	[ɔbsɛr'vɔvatʃ]
explorar (vt)	badać	['badatʃ]

123. A Terra

Terra (f)	Ziemia (ż)	['ʒemʲa]
globo terrestre (Terra)	kula (ż) ziemska	['kuʎa 'ʒemska]
planeta (m)	planeta (ż)	[pʎa'nɛta]

atmosfera (f)	atmosfera (ż)	[atmɔs'fɛra]
geografia (f)	geografia (ż)	[gɛɔg'rafʰja]
natureza (f)	przyroda (ż)	[pʃi'rɔda]

globo (mapa esférico)	globus (m)	['glɔbus]
mapa (m)	mapa (ż)	['mapa]
atlas (m)	atlas (m)	['atʎas]

| Europa (f) | Europa (ż) | [ɛu'rɔpa] |
| Ásia (f) | Azja (ż) | ['azʰja] |

| África (f) | Afryka (ż) | ['afrika] |
| Austrália (f) | Australia (ż) | [aust'raʎja] |

América (f)	Ameryka (ż)	[a'mɛrika]
América (f) do Norte	Ameryka (ż) Północna	[a'mɛrika puw'nɔtsna]
América (f) do Sul	Ameryka (ż) Południowa	[a'mɛrika pɔwud'nɔva]

| Antártida (f) | Antarktyda (ż) | [antark'tida] |
| Ártico (m) | Arktyka (ż) | ['arktika] |

119

124. Pontos cardeais

norte (m)	północ (ż)	['puwnɔʦ]
para norte	na północ	[na 'puwnɔʦ]
no norte	na północy	[na puw'nɔʦi]
do norte (adj)	północny	[puw'nɔʦni]
sul (m)	południe (n)	[pɔ'wudne]
para sul	na południe	[na pɔ'wudne]
no sul	na południu	[na pɔ'wudny]
do sul (adj)	południowy	[pɔwud'nɔvi]
oeste, ocidente (m)	zachód (m)	['zahut]
para oeste	na zachód	[na 'zahut]
no oeste	na zachodzie	[na za'hɔʤe]
ocidental (adj)	zachodni	[za'hɔdni]
leste, oriente (m)	wschód (m)	[fshut]
para leste	na wschód	['na fshut]
no leste	na wschodzie	[na 'fshɔʤe]
oriental (adj)	wschodni	['fshɔdni]

125. Mar. Oceano

mar (m)	morze (n)	['mɔʒɛ]
oceano (m)	ocean (m)	[ɔ'ʦɛan]
golfo (m)	zatoka (ż)	[za'tɔka]
estreito (m)	cieśnina (ż)	[ʨɛɕ'nina]
terra (f) firme	ląd (m)	[lɔ̃t]
continente (m)	kontynent (m)	[kɔn'tinɛnt]
ilha (f)	wyspa (ż)	['vispa]
península (f)	półwysep (m)	[puw'visɛp]
arquipélago (m)	archipelag (m)	[arhi'pɛʎak]
baía (f)	zatoka (ż)	[za'tɔka]
porto (m)	port (m)	[pɔrt]
lagoa (f)	laguna (ż)	[ʎa'guna]
cabo (m)	przylądek (m)	[pʃilɔ̃dɛk]
atol (m)	atol (m)	['atɔʎ]
recife (m)	rafa (ż)	['rafa]
coral (m)	koral (m)	['kɔral]
recife (m) de coral	rafa (ż) koralowa	['rafa kɔra'lɔva]
profundo (adj)	głęboki	[gwɛ̃'bɔki]
profundidade (f)	głębokość (ż)	[gwɛ̃'bɔkɔʨ]
abismo (m)	otchłań (ż)	['ɔthwaɲ]
fossa (f) oceânica	rów (m)	[ruf]
corrente (f)	prąd (m)	[prɔ̃t]
banhar (vt)	omywać	[ɔ'mivaʨ]
litoral (m)	brzeg (m)	[bʒɛk]

costa (f)	wybrzeże (n)	[vɨb'ʒɛʒe]
maré (f) alta	przypływ (m)	['pʃipwif]
refluxo (m)	odpływ (m)	['ɔtpwif]
restinga (f)	mielizna (ż)	[me'lizna]
fundo (m)	dno (n)	[dnɔ]

onda (f)	fala (ż)	['faʎa]
crista (f) da onda	grzywa (ż) fali	['gʒɨva 'fali]
espuma (f)	piana (ż)	['pʲana]

tempestade (f)	burza (ż)	['buʒa]
furacão (m)	huragan (m)	[hu'ragan]
tsunami (m)	tsunami (n)	[tsu'nami]
calmaria (f)	cisza (ż) morska	['tʃiʃa 'mɔrska]
calmo (adj)	spokojny	[spɔ'kɔjnɨ]

| polo (m) | biegun (m) | ['begun] |
| polar (adj) | polarny | [pɔ'ʎarnɨ] |

latitude (f)	szerokość (ż)	[ʃɛ'rɔkɔɕtʃ]
longitude (f)	długość (ż)	['dwugɔɕtʃ]
paralela (f)	równoleżnik (m)	[ruvnɔ'leʒnik]
equador (m)	równik (m)	['ruvnik]

céu (m)	niebo (n)	['nebɔ]
horizonte (m)	horyzont (m)	[hɔ'rizɔnt]
ar (m)	powietrze (n)	[pɔ'vetʃɛ]

farol (m)	latarnia (ż) morska	[ʎa'tarɲa 'mɔrska]
mergulhar (vi)	nurkować	[nur'kɔvatʃ]
afundar-se (vr)	zatonąć	[za'tɔɔntʃ]
tesouros (m pl)	skarby (l.mn.)	['skarbɨ]

126. Nomes de Mares e Oceanos

Oceano (m) Atlântico	Ocean (m) Atlantycki	[ɔ'tsɛan atlan'tɨtski]
Oceano (m) Índico	Ocean (m) Indyjski	[ɔ'tsɛan in'dijski]
Oceano (m) Pacífico	Ocean (m) Spokojny	[ɔ'tsɛan spɔ'kɔjnɨ]
Oceano (m) Ártico	Ocean (m) Lodowaty Północny	[ɔ'tsɛan lɔdɔ'vatɨ puw'nɔtsnɨ]

Mar (m) Negro	Morze (n) Czarne	['mɔʒɛ 'tʃarnɛ]
Mar (m) Vermelho	Morze (n) Czerwone	['mɔʒɛ tʃɛr'vɔnɛ]
Mar (m) Amarelo	Morze (n) Żółte	['mɔʒɛ 'ʒuwtɛ]
Mar (m) Branco	Morze (n) Białe	['mɔʒɛ 'bʲawɛ]

Mar (m) Cáspio	Morze (n) Kaspijskie	['mɔʒɛ kas'pijske]
Mar (m) Morto	Morze (n) Martwe	['mɔʒɛ 'martfɛ]
Mar (m) Mediterrâneo	Morze (n) Śródziemne	['mɔʒɛ ɕry'dʒemnɛ]

Mar (m) Egeu	Morze (n) Egejskie	['mɔʒɛ ɛ'gejske]
Mar (m) Adriático	Morze (n) Adriatyckie	['mɔʒɛ adrʲja'tɨtske]
Mar (m) Arábico	Morze (n) Arabskie	['mɔʒɛ a'rabske]
Mar (m) do Japão	Morze (n) Japońskie	['mɔʒɛ ja'pɔɲske]

Mar (m) de Bering	Morze (n) Beringa	['mɔʒɛ bɛ'riŋa]
Mar (m) da China Meridional	Morze (n) Południowochińskie	['mɔʒɛ pɔwud'nɜvɔ 'hiɲske]

Mar (m) de Coral	Morze (n) Koralowe	['mɔʒɛ kɔra'lɜvɛ]
Mar (m) de Tasman	Morze (n) Tasmana	['mɔʒɛ tas'mana]
Mar (m) do Caribe	Morze (n) Karaibskie	['mɔʒɛ kara'ipske]

Mar (m) de Barents	Morze (n) Barentsa	['mɔʒɛ ba'rɛntsa]
Mar (m) de Kara	Morze (n) Karskie	['mɔʒɛ 'karske]

Mar (m) do Norte	Morze (n) Północne	['mɔʒɛ puw'nɔtsnɛ]
Mar (m) Báltico	Morze (n) Bałtyckie	['mɔʒɛ baw'titske]
Mar (m) da Noruega	Morze (n) Norweskie	['mɔʒɛ nɔr'vɛske]

127. Montanhas

montanha (f)	góra (ż)	['gura]
cordilheira (f)	łańcuch (m) górski	['waɲtsuh 'gurski]
serra (f)	grzbiet (m) górski	[gɜbet 'gurski]

cume (m)	szczyt (m)	[ʃtʃit]
pico (m)	szczyt (m)	[ʃtʃit]
pé (m)	podnóże (n)	[pɔd'nuʒɛ]
declive (m)	zbocze (n)	['zbɔtʃɛ]

vulcão (m)	wulkan (m)	['vuʎkan]
vulcão (m) ativo	czynny (m) wulkan	['tʃiɲɨ 'vuʎkan]
vulcão (m) extinto	wygasły (m) wulkan	[vɨ'gaswɨ 'vuʎkan]

erupção (f)	wybuch (m)	['vɨbuh]
cratera (f)	krater (m)	['kratɛr]
magma (m)	magma (ż)	['magma]
lava (f)	lawa (ż)	['ʎava]
fundido (lava ~a)	rozżarzony	[rɔzʒa'ʒɔnɨ]

cânion, desfiladeiro (m)	kanion (m)	['kaɲɔn]
garganta (f)	wąwóz (m)	['võvus]
fenda (f)	rozpadlina (m)	[rɔspad'lina]

passo, colo (m)	przełęcz (ż)	['pʃɛwɛ̃tʃ]
planalto (m)	płaskowyż (m)	[pwas'kɔviʃ]
falésia (f)	skała (ż)	['skawa]
colina (f)	wzgórze (ż)	['vzguʒɛ]

geleira (f)	lodowiec (m)	[lɜ'dɔvets]
cachoeira (f)	wodospad (m)	[vɔ'dɔspat]
gêiser (m)	gejzer (m)	['gɛjzɛr]
lago (m)	jezioro (m)	[e'ʒɜrɔ]

planície (f)	równina (ż)	[ruv'nina]
paisagem (f)	pejzaż (m)	['pɛjzaʃ]
eco (m)	echo (n)	['ɛho]
alpinista (m)	alpinista (m)	[aʎpi'nista]

escalador (m)	wspinacz (m)	['fspinatʃ]
conquistar (vt)	pokonywać	[pɔkɔ'nivatʃ]
subida, escalada (f)	wspinaczka (ż)	[fspi'natʃka]

128. Nomes de montanhas

Alpes (m pl)	Alpy (l.mn.)	['aʎpi]
Monte Branco (m)	Mont Blanc (m)	[mɔn blan]
Pirineus (m pl)	Pireneje (l.mn.)	[pirɛ'nɛe]

Cárpatos (m pl)	Karpaty (l.mn.)	[kar'pati]
Urais (m pl)	Góry Uralskie (l.mn.)	['gurɨ u'raʎske]
Cáucaso (m)	Kaukaz (m)	['kaukas]
Elbrus (m)	Elbrus (m)	['ɛʎbrus]

Altai (m)	Ałtaj (m)	['awtaj]
Pamir (m)	Pamir (m)	['pamir]
Himalaia (m)	Himalaje (l.mn.)	[hima'lae]
monte Everest (m)	Mont Everest (m)	[mɔnt ɛ'vɛrɛst]

| Cordilheira (f) dos Andes | Andy (l.mn.) | ['andɨ] |
| Kilimanjaro (m) | Kilimandżaro (ż) | [kiliman'dʒarɔ] |

129. Rios

rio (m)	rzeka (m)	['ʒɛka]
fonte, nascente (f)	źródło (n)	['zirudwɔ]
leito (m) de rio	koryto (n)	[kɔ'ritɔ]
bacia (f)	dorzecze (n)	[dɔ'ʒɛtʃɛ]
desaguar no ...	wpadać	['fpadatʃ]

| afluente (m) | dopływ (m) | ['dɔpwif] |
| margem (do rio) | brzeg (m) | [bʒɛk] |

corrente (f)	prąd (m)	[prõt]
rio abaixo	z prądem	[s 'prõdɛm]
rio acima	pod prąd	[pɔt prõt]

inundação (f)	powódź (ż)	['pɔvutʃ]
cheia (f)	wylew (m) rzeki	['vɨlef 'ʒɛki]
transbordar (vi)	rozlewać się	[rɔz'levatʃ ɕẽ]
inundar (vt)	zatapiać	[za'tapiatʃ]

| banco (m) de areia | mielizna (ż) | [me'lizna] |
| corredeira (f) | próg (m) | [pruk] |

barragem (f)	tama (ż)	['tama]
canal (m)	kanał (m)	['kanaw]
reservatório (m) de água	zbiornik (m) wodny	['zbɜrnik 'vɔdnɨ]
eclusa (f)	śluza (ż)	['ɕlyza]
corpo (m) de água	zbiornik (m) wodny	['zbɜrnik 'vɔdnɨ]
pântano (m)	bagno (n)	['bagnɔ]

lamaçal (m)	grzęzawisko (n)	[gʒɛ̃za'viskɔ]
redemoinho (m)	wir (m) wodny	[vir 'vɔdni]
riacho (m)	potok (m)	['pɔtɔk]
potável (adj)	pitny	['pitni]
doce (água)	słodki	['swɔtki]
gelo (m)	lód (m)	[lyt]
congelar-se (vr)	zamarznąć	[za'marznɔ̃ʧ]

130. Nomes de rios

rio Sena (m)	Sekwana (ż)	[sɛk'fana]
rio Loire (m)	Loara (ż)	[lɔ'ara]
rio Tâmisa (m)	Tamiza (ż)	[ta'miza]
rio Reno (m)	Ren (m)	[rɛn]
rio Danúbio (m)	Dunaj (m)	['dunaj]
rio Volga (m)	Wołga (ż)	['vɔwga]
rio Don (m)	Don (m)	[dɔn]
rio Lena (m)	Lena (ż)	['lena]
rio Amarelo (m)	Huang He (ż)	[hu'aŋ hɛ]
rio Yangtzé (m)	Jangcy (ż)	['jaŋʦi]
rio Mekong (m)	Mekong (m)	['mɛkɔŋ]
rio Ganges (m)	Ganges (m)	['gaŋɛs]
rio Nilo (m)	Nil (m)	[niʎ]
rio Congo (m)	Kongo (ż)	['kɔŋɔ]
rio Cubango (m)	Okawango (ż)	[ɔka'vaŋɔ]
rio Zambeze (m)	Zambezi (ż)	[zam'bɛzi]
rio Limpopo (m)	Limpopo (ż)	[lim'pɔpɔ]
rio Mississippi (m)	Mississipi (ż)	[missis'sipi]

131. Floresta

floresta (f), bosque (m)	las (m)	[ʎas]
florestal (adj)	leśny	['leçni]
mata (f) fechada	gąszcz (ż)	[gɔ̃ʃʧ]
arvoredo (m)	gaj (m), lasek (m)	[gaj], ['ʎasɛk]
clareira (f)	polana (ż)	[pɔ'ʎana]
matagal (m)	zarośla (l.mn.)	[za'rɔɕʎa]
mato (m), caatinga (f)	krzaki (l.mn.)	['kʃaki]
pequena trilha (f)	ścieżka (ż)	['ɕʧeʃka]
ravina (f)	wąwóz (m)	['vɔ̃vus]
árvore (f)	drzewo (n)	['dʒɛvɔ]
folha (f)	liść (m)	[liɕʧ]

folhagem (f)	listowie (n)	[lis'tɔve]
queda (f) das folhas	opadanie (n) liści	[ɔpa'dane 'liɕtɕi]
cair (vi)	opadać	[ɔ'padatʃ]
topo (m)	wierzchołek (m)	[veʃ'hɔwɛk]

ramo (m)	gałąź (ż)	['gawõɕ]
galho (m)	sęk (m)	[sɛ̃k]
botão (m)	pączek (m)	['põtʃɛk]
agulha (f)	igła (ż)	['igwa]
pinha (f)	szyszka (ż)	['ʃiʃka]

buraco (m) de árvore	dziupla (ż)	['dʒypʎa]
ninho (m)	gniazdo (n)	['gɲazdɔ]
toca (f)	nora (ż)	['nɔra]

tronco (m)	pień (m)	[peɲ]
raiz (f)	korzeń (m)	['kɔʒɛɲ]
casca (f) de árvore	kora (ż)	['kɔra]
musgo (m)	mech (m)	[mɛh]

arrancar pela raiz	karczować	[kart'ʃovatʃ]
cortar (vt)	ścinać	['ɕtʃinatʃ]
desflorestar (vt)	wycinać	[vi'tʃinatʃ]
toco, cepo (m)	pieniek (m)	['penek]

fogueira (f)	ognisko (n)	[ɔg'niskɔ]
incêndio (m) florestal	pożar (m)	['pɔʒar]
apagar (vt)	gasić	['gaɕitʃ]

guarda-parque (m)	leśnik (m)	['leɕnik]
proteção (f)	ochrona (ż)	[ɔh'rona]
proteger (a natureza)	chronić	['hrɔnitʃ]
caçador (m) furtivo	kłusownik (m)	[kwu'sɔvnik]
armadilha (f)	potrzask (m)	['pɔtʃask]

| colher (cogumelos, bagas) | zbierać | ['zberatʃ] |
| perder-se (vr) | zabłądzić | [zab'wõdʒitʃ] |

132. Recursos naturais

recursos (m pl) naturais	zasoby (l.mn.) naturalne	[za'sɔbi natu'raʎnɛ]
minerais (m pl)	kopaliny (l.mn.) użyteczne	[kɔpa'lini uʒi'tɛtʃnɛ]
depósitos (m pl)	złoża (l.mn.)	['zwɔʒa]
jazida (f)	złoże (n)	['zwɔʒɛ]

extrair (vt)	wydobywać	[vidɔ'bivatʃ]
extração (f)	wydobywanie (n)	[vidɔbi'vane]
minério (m)	ruda (ż)	['ruda]
mina (f)	kopalnia (ż) rudy	[kɔ'paʎɲa 'rudi]
poço (m) de mina	szyb (m)	[ʃib]
mineiro (m)	górnik (m)	['gurnik]

| gás (m) | gaz (m) | [gas] |
| gasoduto (m) | gazociąg (m) | [ga'zɔtʃõk] |

petróleo (m)	ropa (ż) naftowa	['rɔpa naf'tɔva]
oleoduto (m)	rurociąg (m)	[ru'rɔtʃɔ̃k]
poço (m) de petróleo	szyb (m) naftowy	[ʃip naf'tɔvi]
torre (f) petrolífera	wieża (ż) wiertnicza	['veʒa vert'nitʃa]
petroleiro (m)	tankowiec (m)	[ta'ŋkɔvets]

areia (f)	piasek (m)	['pʲasɛk]
calcário (m)	wapień (m)	['vapeɲ]
cascalho (m)	żwir (m)	[ʒvir]
turfa (f)	torf (m)	[tɔrf]
argila (f)	glina (ż)	['glina]
carvão (m)	węgiel (m)	['vɛŋeʎ]

ferro (m)	żelazo (n)	[ʒɛ'ʎazɔ]
ouro (m)	złoto (n)	['zwɔtɔ]
prata (f)	srebro (n)	['srɛbrɔ]
níquel (m)	nikiel (n)	['nikeʎ]
cobre (m)	miedź (ż)	[metʃ]

zinco (m)	cynk (m)	[tsiŋk]
manganês (m)	mangan (m)	['maŋan]
mercúrio (m)	rtęć (ż)	[rtɛ̃tʃ]
chumbo (m)	ołów (m)	['ɔwuf]

mineral (m)	minerał (m)	[mi'nɛraw]
cristal (m)	kryształ (m)	['kriʃtaw]
mármore (m)	marmur (m)	['marmur]
urânio (m)	uran (m)	['uran]

A Terra. Parte 2

133. Tempo

tempo (m)	pogoda (ż)	[pɔ'gɔda]
previsão (f) do tempo	prognoza (ż) pogody	[prɔg'nɔza pɔ'gɔdɨ]
temperatura (f)	temperatura (ż)	[tɛmpɛra'tura]
termômetro (m)	termometr (m)	[tɛr'mɔmɛtr]
barômetro (m)	barometr (m)	[ba'rɔmɛtr]
umidade (f)	wilgoć (ż)	['viʎgɔtʃ]
calor (m)	żar (m)	[ʒar]
tórrido (adj)	upalny, gorący	[u'paʎnɨ], [gɔ'rɔ̃tsɨ]
está muito calor	gorąco	[gɔ'rɔ̃tsɔ]
está calor	ciepło	['tʃepwɔ]
quente (morno)	ciepły	['tʃepwɨ]
está frio	zimno	['ʒimnɔ]
frio (adj)	zimny	['ʒimnɨ]
sol (m)	słońce (n)	['swɔɲtsɛ]
brilhar (vi)	świecić	['ɕfetʃitʃ]
de sol, ensolarado	słoneczny	[swɔ'nɛtʃnɨ]
nascer (vi)	wzejść	[vzɛjɕtʃ]
pôr-se (vr)	zajść	[zajɕtʃ]
nuvem (f)	obłok (m)	['ɔbwɔk]
nublado (adj)	zachmurzony	[zahmu'ʒɔnɨ]
nuvem (f) preta	chmura (ż)	['hmura]
escuro, cinzento (adj)	pochmurny	[pɔh'murnɨ]
chuva (f)	deszcz (m)	[dɛʃtʃ]
está a chover	pada deszcz	['pada dɛʃtʃ]
chuvoso (adj)	deszczowy	[dɛʃt'ʃɔvɨ]
chuviscar (vi)	mżyć	[mʒɨtʃ]
chuva (f) torrencial	ulewny deszcz (m)	[u'levnɨ dɛʃtʃ]
aguaceiro (m)	ulewa (ż)	[u'leva]
forte (chuva, etc.)	silny	['ɕiʎnɨ]
poça (f)	kałuża (ż)	[ka'wuʒa]
molhar-se (vr)	moknąć	['mɔknɔ̃tʃ]
nevoeiro (m)	mgła (ż)	[mgwa]
de nevoeiro	mglisty	['mglistɨ]
neve (f)	śnieg (m)	[ɕnek]
está nevando	pada śnieg	['pada ɕnek]

134. Tempo extremo. Catástrofes naturais

trovoada (f)	burza (ż)	['buʒa]
relâmpago (m)	błyskawica (ż)	[bwiska'vitsa]
relampejar (vi)	błyskać	['bwiskatʃ]
trovão (m)	grzmot (m)	[gʒmɔt]
trovejar (vi)	grzmieć	[gʒmetʃ]
está trovejando	grzmi	[gʒmi]
granizo (m)	grad (m)	[grat]
está caindo granizo	pada grad	['pada grat]
inundar (vt)	zatopić	[za'tɔpitʃ]
inundação (f)	powódź (ż)	['pɔvutʃ]
terremoto (m)	trzęsienie (n) ziemi	[tʃɛ̃'ɕene 'ʒemi]
abalo, tremor (m)	wstrząs (m)	[fstʃɔ̃s]
epicentro (m)	epicentrum (n)	[ɛpi'tsɛntrum]
erupção (f)	wybuch (m)	['vibuh]
lava (f)	lawa (ż)	['ʎava]
tornado (m)	trąba (ż) powietrzna	['trɔ̃ba pɔ'vetʃna]
tornado (m)	tornado (n)	[tɔr'nadɔ]
tufão (m)	tajfun (m)	['tajfun]
furacão (m)	huragan (m)	[hu'ragan]
tempestade (f)	burza (ż)	['buʒa]
tsunami (m)	tsunami (n)	[tsu'nami]
ciclone (m)	cyklon (m)	['tsiklɜn]
mau tempo (m)	niepogoda (ż)	[nepɔ'gɔda]
incêndio (m)	pożar (m)	['pɔʒar]
catástrofe (f)	katastrofa (ż)	[katast'rɔfa]
meteorito (m)	meteoryt (m)	[mɛtɛ'ɔrit]
avalanche (f)	lawina (ż)	[ʎa'vina]
deslizamento (m) de neve	lawina (ż)	[ʎa'vina]
nevasca (f)	zamieć (ż)	['zametʃ]
tempestade (f) de neve	śnieżyca (ż)	[ɕne'ʒitsa]

Fauna

135. Mamíferos. Predadores

predador (m)	drapieżnik (m)	[dra'peʒnik]
tigre (m)	tygrys (m)	['tɨgrɨs]
leão (m)	lew (m)	[lef]
lobo (m)	wilk (m)	[viʎk]
raposa (f)	lis (m)	[lis]
jaguar (m)	jaguar (m)	[ja'guar]
leopardo (m)	lampart (m)	['ʎampart]
chita (f)	gepard (m)	['gɛpart]
pantera (f)	pantera (ż)	[pan'tɛra]
puma (m)	puma (ż)	['puma]
leopardo-das-neves (m)	irbis (m)	['irbis]
lince (m)	ryś (m)	[riɕ]
coiote (m)	kojot (m)	['kɔɜt]
chacal (m)	szakal (m)	['ʃakaʎ]
hiena (f)	hiena (ż)	['hʰena]

136. Animais selvagens

animal (m)	zwierzę (n)	['zveʒɛ̃]
besta (f)	dzikie zwierzę (n)	['dʑike 'zveʒɛ̃]
esquilo (m)	wiewiórka (ż)	[ve'vyrka]
ouriço (m)	jeż (m)	[eʃ]
lebre (f)	zając (m)	['zaõts]
coelho (m)	królik (m)	['krulik]
texugo (m)	borsuk (m)	['bɔrsuk]
guaxinim (m)	szop (m)	[ʃɔp]
hamster (m)	chomik (m)	['hɔmik]
marmota (f)	świstak (m)	['ɕfistak]
toupeira (f)	kret (m)	[krɛt]
rato (m)	mysz (ż)	[miʃ]
ratazana (f)	szczur (m)	[ʃʧur]
morcego (m)	nietoperz (m)	[ne'tɔpɛʃ]
arminho (m)	gronostaj (m)	[grɔ'nɔstaj]
zibelina (f)	soból (m)	['sɔbuʎ]
marta (f)	kuna (ż)	['kuna]
doninha (f)	łasica (ż)	[wa'ɕitsa]
visom (m)	norka (ż)	['nɔrka]

castor (m)	bóbr (m)	[bubr]
lontra (f)	wydra (ż)	['vidra]
cavalo (m)	koń (m)	[kɔɲ]
alce (m)	łoś (m)	[wɔɕ]
veado (m)	jeleń (m)	['eleɲ]
camelo (m)	wielbłąd (m)	['veʎbwɔ̃t]
bisão (m)	bizon (m)	['bizɔn]
auroque (m)	żubr (m)	[ʒubr]
búfalo (m)	bawół (m)	['bavuw]
zebra (f)	zebra (ż)	['zɛbra]
antílope (m)	antylopa (ż)	[anti'lɔpa]
corça (f)	sarna (ż)	['sarna]
gamo (m)	łania (ż)	['waɲa]
camurça (f)	kozica (ż)	[kɔ'ʒitsa]
javali (m)	dzik (m)	[dʒik]
baleia (f)	wieloryb (m)	[ve'lɜrip]
foca (f)	foka (ż)	['fɔka]
morsa (f)	mors (m)	[mɔrs]
urso-marinho (m)	kot (m) morski	[kɔt 'mɔrski]
golfinho (m)	delfin (m)	['dɛʎfin]
urso (m)	niedźwiedź (m)	['nedʒʲvetʃ]
urso (m) polar	niedźwiedź (m) polarny	['nedʒʲvetʃ pɔ'ʎarni]
panda (m)	panda (ż)	['panda]
macaco (m)	małpa (ż)	['mawpa]
chimpanzé (m)	szympans (m)	['ʃimpans]
orangotango (m)	orangutan (m)	[ɔra'ŋutan]
gorila (m)	goryl (m)	['gɔriʎ]
macaco (m)	makak (m)	['makak]
gibão (m)	gibon (m)	['gibɔn]
elefante (m)	słoń (m)	['swɔɲ]
rinoceronte (m)	nosorożec (m)	[nɔsɔ'rɔʒɛts]
girafa (f)	żyrafa (ż)	[ʒi'rafa]
hipopótamo (m)	hipopotam (m)	[hipɔ'pɔtam]
canguru (m)	kangur (m)	['kaŋur]
coala (m)	koala (ż)	[kɔ'aʎa]
mangusto (m)	mangusta (ż)	[ma'ŋusta]
chinchila (f)	szynszyla (ż)	[ʃin'ʃiʎa]
cangambá (f)	skunks (m)	[skuŋks]
porco-espinho (m)	jeżozwierz (m)	[e'ʒɔzveʃ]

137. Animais domésticos

gata (f)	kotka (ż)	['kɔtka]
gato (m) macho	kot (m)	[kɔt]
cão (m)	pies (m)	[pes]

cavalo (m)	koń (m)	[kɔɲ]
garanhão (m)	źrebak (m), ogier (m)	['ʑrɛbak], ['ɔgjer]
égua (f)	klacz (ż)	[kʎatʃ]

vaca (f)	krowa (ż)	['krɔva]
touro (m)	byk (m)	[bɨk]
boi (m)	wół (m)	[vuw]

ovelha (f)	owca (ż)	['ɔftsa]
carneiro (m)	baran (m)	['baran]
cabra (f)	koza (ż)	['kɔza]
bode (m)	kozioł (m)	['kɔʒɛw]

burro (m)	osioł (m)	['ɔɕɛw]
mula (f)	muł (m)	[muw]

porco (m)	świnia (ż)	['ɕfiɲa]
leitão (m)	prosiak (m)	['prɔɕak]
coelho (m)	królik (m)	['krulik]

galinha (f)	kura (ż)	['kura]
galo (m)	kogut (m)	['kɔgut]

pata (f), pato (m)	kaczka (ż)	['katʃka]
pato (m)	kaczor (m)	['katʃɔr]
ganso (m)	gęś (ż)	[gɛ̃ɕ]

peru (m)	indyk (m)	['indɨk]
perua (f)	indyczka (ż)	[in'ditʃka]

animais (m pl) domésticos	zwierzęta (l.mn.) domowe	[zve'ʒɛnta dɔ'mɔvɛ]
domesticado (adj)	oswojony	[ɔsfɔɜnɨ]
domesticar (vt)	oswajać	[ɔs'fajatʃ]
criar (vt)	hodować	[hɔ'dɔvatʃ]

fazenda (f)	ferma (ż)	['fɛrma]
aves (f pl) domésticas	drób (m)	[drup]
gado (m)	bydło (n)	['bɨdwɔ]
rebanho (m), manada (f)	stado (n)	['stadɔ]

estábulo (m)	stajnia (ż)	['stajɲa]
chiqueiro (m)	chlew (m)	[hlef]
estábulo (m)	obora (ż)	[ɔ'bɔra]
coelheira (f)	klatka (ż) dla królików	['klatka dʎa krɔ'likɔf]
galinheiro (m)	kurnik (m)	['kurnik]

138. Pássaros

pássaro (m), ave (f)	ptak (m)	[ptak]
pombo (m)	gołąb (m)	['gɔwɔ̃p]
pardal (m)	wróbel (m)	['vrubɛʎ]
chapim-real (m)	sikorka (ż)	[ɕi'kɔrka]
pega-rabuda (f)	sroka (ż)	['srɔka]
corvo (m)	kruk (m)	[kruk]

gralha-cinzenta (f)	**wrona** (ż)	['vrɔna]
gralha-de-nuca-cinzenta (f)	**kawka** (ż)	['kafka]
gralha-calva (f)	**gawron** (m)	['gavrɔn]
pato (m)	**kaczka** (ż)	['katʃka]
ganso (m)	**gęś** (ż)	[gɛ̃ɕ]
faisão (m)	**bażant** (m)	['baʒant]
águia (f)	**orzeł** (m)	['ɔʒɛw]
açor (m)	**jastrząb** (m)	['jastʃɔ̃p]
falcão (m)	**sokół** (m)	['sɔkuw]
abutre (m)	**sęp** (m)	[sɛ̃p]
condor (m)	**kondor** (m)	['kɔndɔr]
cisne (m)	**łabędź** (m)	['wabɛ̃tʃ]
grou (m)	**żuraw** (m)	['ʒuraf]
cegonha (f)	**bocian** (m)	['bɔtʃʲan]
papagaio (m)	**papuga** (ż)	[pa'puga]
beija-flor (m)	**koliber** (m)	[kɔ'libɛr]
pavão (m)	**paw** (m)	[paf]
avestruz (m)	**struś** (m)	[struɕ]
garça (f)	**czapla** (ż)	['tʃapʎa]
flamingo (m)	**flaming** (m)	['fʎamiŋ]
pelicano (m)	**pelikan** (m)	[pɛ'likan]
rouxinol (m)	**słowik** (m)	['swɔvik]
andorinha (f)	**jaskółka** (ż)	[jas'kuwka]
tordo-zornal (m)	**drozd** (m)	[drɔst]
tordo-músico (m)	**drozd śpiewak** (m)	[drɔst 'ɕpevak]
melro-preto (m)	**kos** (m)	[kɔs]
andorinhão (m)	**jerzyk** (m)	['eʒik]
cotovia (f)	**skowronek** (m)	[skɔv'rɔnɛk]
codorna (f)	**przepiórka** (ż)	[pʃɛ'pyrka]
pica-pau (m)	**dzięcioł** (m)	['dʒɛ̃tʃɔw]
cuco (m)	**kukułka** (ż)	[ku'kuwka]
coruja (f)	**sowa** (ż)	['sɔva]
bufo-real (m)	**puchacz** (m)	['puhatʃ]
tetraz-grande (m)	**głuszec** (m)	['gwuʃɛts]
tetraz-lira (m)	**cietrzew** (m)	['tʃetʃɛf]
perdiz-cinzenta (f)	**kuropatwa** (ż)	[kurɔ'patfa]
estorninho (m)	**szpak** (m)	[ʃpak]
canário (m)	**kanarek** (m)	[ka'narɛk]
galinha-do-mato (f)	**jarząbek** (m)	[ja'ʒɔ̃bɛk]
tentilhão (m)	**zięba** (ż)	['ʒɛ̃ba]
dom-fafe (m)	**gil** (m)	[giʎ]
gaivota (f)	**mewa** (ż)	['mɛva]
albatroz (m)	**albatros** (m)	[aʎ'batrɔs]
pinguim (m)	**pingwin** (m)	['piŋvin]

139. Peixes. Animais marinhos

brema (f)	leszcz (m)	[leʃʧ]
carpa (f)	karp (m)	[karp]
perca (f)	okoń (m)	['ɔkɔɲ]
siluro (m)	sum (m)	[sum]
lúcio (m)	szczupak (m)	['ʃʧupak]
salmão (m)	łosoś (m)	['wɔsɔɕ]
esturjão (m)	jesiotr (m)	['eɕɜtr]
arenque (m)	śledź (m)	[ɕledʑ]
salmão (m) do Atlântico	łosoś (m)	['wɔsɔɕ]
cavala, sarda (f)	makrela (ż)	[mak'rɛla]
solha (f), linguado (m)	flądra (ż)	[flõdra]
lúcio perca (m)	sandacz (m)	['sandaʧ]
bacalhau (m)	dorsz (m)	[dɔrʃ]
atum (m)	tuńczyk (m)	['tuɲʧik]
truta (f)	pstrąg (m)	[pstrõk]
enguia (f)	węgorz (m)	['vɛŋɔʃ]
raia (f) elétrica	drętwa (ż)	['drɛntfa]
moreia (f)	murena (ż)	[mu'rɛna]
piranha (f)	pirania (ż)	[pi'raɲja]
tubarão (m)	rekin (m)	['rɛkin]
golfinho (m)	delfin (m)	['dɛʎfin]
baleia (f)	wieloryb (m)	[ve'lɜrip]
caranguejo (m)	krab (m)	[krap]
água-viva (f)	meduza (ż)	[mɛ'duza]
polvo (m)	ośmiornica (ż)	[ɔɕmɜr'nitsa]
estrela-do-mar (f)	rozgwiazda (ż)	[rɔzg'vʲazda]
ouriço-do-mar (m)	jeżowiec (m)	[e'ʒɔveʦ]
cavalo-marinho (m)	konik (m) morski	['kɔnik 'mɔrski]
ostra (f)	ostryga (ż)	[ɔst'riga]
camarão (m)	krewetka (ż)	[krɛ'vɛtka]
lagosta (f)	homar (m)	['hɔmar]
lagosta (f)	langusta (ż)	[ʎa'ŋusta]

140. Anfíbios. Répteis

cobra (f)	wąż (m)	[võʃ]
venenoso (adj)	jadowity	[jadɔ'viti]
víbora (f)	żmija (ż)	['ʒmija]
naja (f)	kobra (ż)	['kɔbra]
píton (m)	pyton (m)	['pitɔn]
jiboia (f)	wąż dusiciel (m)	[võʒ du'ɕiʧeʎ]
cobra-de-água (f)	zaskroniec (m)	[zask'rɔneʦ]

cascavel (f)	grzechotnik (m)	[gʒɛ'hɔtnik]
anaconda (f)	anakonda (ż)	[ana'kɔnda]

lagarto (m)	jaszczurka (ż)	[jaʃt'ʃurka]
iguana (f)	legwan (m)	['legvan]
varano (m)	waran (m)	['varan]
salamandra (f)	salamandra (ż)	[saʎa'mandra]
camaleão (m)	kameleon (m)	[kamɛ'leɔn]
escorpião (m)	skorpion (m)	['skɔrpʰɛn]

tartaruga (f)	żółw (m)	[ʒuwf]
rã (f)	żaba (ż)	['ʒaba]
sapo (m)	ropucha (ż)	[rɔ'puha]
crocodilo (m)	krokodyl (m)	[krɔ'kɔdiʎ]

141. Insetos

inseto (m)	owad (m)	['ɔvat]
borboleta (f)	motyl (m)	['mɔtiʎ]
formiga (f)	mrówka (ż)	['mrufka]
mosca (f)	mucha (ż)	['muha]
mosquito (m)	komar (m)	['kɔmar]
escaravelho (m)	żuk (m), chrząszcz (m)	[ʒuk], [hʃɔ̃ʃʧ]

vespa (f)	osa (ż)	['ɔsa]
abelha (f)	pszczoła (ż)	['pʃʧowa]
mamangaba (f)	trzmiel (m)	[ʧmeʎ]
moscardo (m)	giez (m)	[ges]

aranha (f)	pająk (m)	['paɔ̃k]
teia (f) de aranha	pajęczyna (ż)	[paɛ̃t'ʃina]

libélula (f)	ważka (ż)	['vaʃka]
gafanhoto (m)	konik (m) polny	['kɔnik 'pɔʎni]
traça (f)	omacnica (ż)	[ɔmaʦ'nitsa]

barata (f)	karaluch (m)	[ka'ralyh]
carrapato (m)	kleszcz (m)	[kleʃʧ]
pulga (f)	pchła (ż)	[phwa]
borrachudo (m)	meszka (ż)	['mɛʃka]

gafanhoto (m)	szarańcza (ż)	[ʃa'raɲʧa]
caracol (m)	ślimak (m)	['ɕlimak]
grilo (m)	świerszcz (m)	[ɕferʃʧ]
pirilampo, vaga-lume (m)	robaczek (m) świętojański	[rɔ'batʃɛk ɕfɛ̃tɔ'japski]
joaninha (f)	biedronka (ż)	[bed'rɔŋka]
besouro (m)	chrabąszcz (m) majowy	['hrabɔ̃ʃʧ maʒvi]

sanguessuga (f)	pijawka (ż)	[pi'jafka]
lagarta (f)	gąsienica (ż)	[gɔ̃ɕe'nitsa]
minhoca (f)	robak (m)	['rɔbak]
larva (f)	poczwarka (ż)	[pɔʧ'farka]

Flora

142. Árvores

árvore (f)	drzewo (n)	['dʒɛvɔ]
decídua (adj)	liściaste	[liɕ'ʧastɛ]
conífera (adj)	iglaste	[ig'ʎastɛ]
perene (adj)	wiecznie zielony	[veʧnɛʒe'lɜni]
macieira (f)	jabłoń (ż)	['jabwɔɲ]
pereira (f)	grusza (ż)	['gruʃa]
cerejeira (f)	czereśnia (ż)	[ʧɛ'rɛɕɲa]
ginjeira (f)	wiśnia (ż)	['viɕɲa]
ameixeira (f)	śliwa (ż)	['ɕliva]
bétula (f)	brzoza (ż)	['bʒɔza]
carvalho (m)	dąb (m)	[dɔ̃p]
tília (f)	lipa (ż)	['lipa]
choupo-tremedor (m)	osika (ż)	[ɔ'ɕika]
bordo (m)	klon (m)	['klɜn]
espruce (m)	świerk (m)	['ɕferk]
pinheiro (m)	sosna (ż)	['sɔsna]
alerce, lariço (m)	modrzew (m)	['mɔdʒɛf]
abeto (m)	jodła (ż)	[ɜdwa]
cedro (m)	cedr (m)	[ʦɛdr]
choupo, álamo (m)	topola (ż)	[tɔ'pɔʎa]
tramazeira (f)	jarzębina (ż)	[jaʒɛ̃'bina]
salgueiro (m)	wierzba iwa (ż)	['veʒba 'iva]
amieiro (m)	olcha (ż)	['ɔʎha]
faia (f)	buk (m)	[buk]
ulmeiro, olmo (m)	wiąz (m)	[võz]
freixo (m)	jesion (m)	['eɕɜn]
castanheiro (m)	kasztan (m)	['kaʃtan]
magnólia (f)	magnolia (ż)	[mag'nɔʎja]
palmeira (f)	palma (ż)	['paʎma]
cipreste (m)	cyprys (m)	['ʦɨpris]
mangue (m)	drzewo (n) mangrowe	['dʒɛvɔ maɲ'rɔvɛ]
embondeiro, baobá (m)	baobab (m)	[ba'ɔbap]
eucalipto (m)	eukaliptus (m)	[ɛuka'liptus]
sequoia (f)	sekwoja (ż)	[sɛk'fɔja]

143. Arbustos

arbusto (m)	krzew (m)	[kʃɛf]
arbusto (m), moita (f)	krzaki (l.mn.)	['kʃaki]

| videira (f) | winorośl (ż) | [vi'nɔrɔɕʎ] |
| vinhedo (m) | winnica (ż) | [vi'ɲitsa] |

framboeseira (f)	malina (ż)	[ma'lina]
groselheira-vermelha (f)	porzeczka (ż) czerwona	[pɔ'ʒɛtʃka tʃɛr'vɔna]
groselheira (f) espinhosa	agrest (m)	['agrɛst]

acácia (f)	akacja (ż)	[a'katsʰja]
bérberis (f)	berberys (m)	[bɛr'bɛris]
jasmim (m)	jaśmin (m)	['jaɕmin]

junípero (m)	jałowiec (m)	[ja'wɔvets]
roseira (f)	róża (ż)	['ruʒa]
roseira (f) brava	dzika róża (ż)	['dʑika 'ruʒa]

144. Frutos. Bagas

fruta (f)	owoc (m)	['ɔvɔts]
frutas (f pl)	owoce (l.mn.)	[ɔ'vɔtsɛ]
maçã (f)	jabłko (n)	['jabkɔ]
pera (f)	gruszka (ż)	['gruʃka]
ameixa (f)	śliwka (ż)	['ɕlifka]

morango (m)	truskawka (ż)	[trus'kafka]
ginja (f)	wiśnia (ż)	['viɕɲa]
cereja (f)	czereśnia (ż)	[tʃɛ'rɛɕɲa]
uva (f)	winogrona (l.mn.)	[vinɔg'rɔna]

framboesa (f)	malina (ż)	[ma'lina]
groselha (f) negra	czarna porzeczka (ż)	['tʃarna pɔ'ʒɛtʃka]
groselha (f) vermelha	czerwona porzeczka (ż)	[tʃɛr'vɔna pɔ'ʒɛtʃka]

| groselha (f) espinhosa | agrest (m) | ['agrɛst] |
| oxicoco (m) | żurawina (ż) | [ʒura'vina] |

laranja (f)	pomarańcza (ż)	[pɔma'raɲtʃa]
tangerina (f)	mandarynka (ż)	[manda'riŋka]
abacaxi (m)	ananas (ż)	[a'nanas]

| banana (f) | banan (m) | ['banan] |
| tâmara (f) | daktyl (m) | ['daktil] |

limão (m)	cytryna (ż)	[tsit'rina]
damasco (m)	morela (ż)	[mɔ'rɛʎa]
pêssego (m)	brzoskwinia (ż)	[bʒɔsk'fiɲa]

| quiuí (m) | kiwi (n) | ['kivi] |
| toranja (f) | grejpfrut (m) | ['grɛjpfrut] |

baga (f)	jagoda (ż)	[ja'gɔda]
bagas (f pl)	jagody (l.mn.)	[ja'gɔdi]
arando (m) vermelho	borówka (ż)	[bɔ'rufka]
morango-silvestre (m)	poziomka (ż)	[pɔ'ʒɔmka]
mirtilo (m)	borówka (ż) czarna	[bɔ'rɔfka 'tʃarna]

145. Flores. Plantas

| flor (f) | kwiat (m) | [kfʲat] |
| buquê (m) de flores | bukiet (m) | ['buket] |

rosa (f)	róża (ż)	['ruʒa]
tulipa (f)	tulipan (m)	[tu'lipan]
cravo (m)	goździk (m)	['ɡɔzʲdʒik]
gladíolo (m)	mieczyk (m)	['metʃik]

centáurea (f)	bławatek (m)	[bwa'vatɛk]
campainha (f)	dzwonek (m)	['dzvɔnɛk]
dente-de-leão (m)	dmuchawiec (m)	[dmu'havets]
camomila (f)	rumianek (m)	[ru'mʲanɛk]

aloé (m)	aloes (m)	[a'lɜɛs]
cacto (m)	kaktus (m)	['kaktus]
fícus (m)	fikus (m)	['fikus]

lírio (m)	lilia (ż)	['liʎja]
gerânio (m)	pelargonia (ż)	[pɛʎar'ɡɔɲja]
jacinto (m)	hiacynt (m)	['hʰjatsint]

mimosa (f)	mimoza (ż)	[mi'mɔza]
narciso (m)	narcyz (m)	['nartsis]
capuchinha (f)	nasturcja (ż)	[nas'turtsʰja]

orquídea (f)	orchidea (ż)	[ɔrhi'dɛa]
peônia (f)	piwonia (ż)	[pi'vɔɲja]
violeta (f)	fiołek (m)	[fʰɜwɛk]

amor-perfeito (m)	bratek (m)	['bratɛk]
não-me-esqueças (m)	niezapominajka (ż)	[nezapɔmi'najka]
margarida (f)	stokrotka (ż)	[stɔk'rɔtka]

papoula (f)	mak (m)	[mak]
cânhamo (m)	konopie (l.mn.)	[kɔ'nɔpje]
hortelã, menta (f)	mięta (ż)	['menta]

| lírio-do-vale (m) | konwalia (ż) | [kɔn'vaʎja] |
| campânula-branca (f) | przebiśnieg (m) | [pʃɛ'biɕnek] |

urtiga (f)	pokrzywa (ż)	[pɔk'ʃiva]
azedinha (f)	szczaw (m)	[ʃtʃaf]
nenúfar (m)	lilia wodna (ż)	['liʎja 'vɔdna]
samambaia (f)	paproć (ż)	['paprɔtʃ]
líquen (m)	porost (m)	['pɔrɔst]

estufa (f)	szklarnia (ż)	['ʃkʎarɲa]
gramado (m)	trawnik (m)	['travnik]
canteiro (m) de flores	klomb (m)	['klɜmp]

planta (f)	roślina (ż)	[rɔɕ'lina]
grama (f)	trawa (ż)	['trava]
folha (f) de grama	źdźbło (n)	[zʲdʒʲbwɔ]

folha (f)	liść (m)	[liɕʧ]
pétala (f)	płatek (m)	['pwatɛk]
talo (m)	łodyga (ż)	[wɔ'diga]
tubérculo (m)	bulwa (ż)	['buʎva]

| broto, rebento (m) | kiełek (m) | ['kewɛk] |
| espinho (m) | kolec (m) | ['kɔleʦ] |

florescer (vi)	kwitnąć	['kfitnɔ̃ʧ]
murchar (vi)	więdnąć	['vendnɔ̃ʧ]
cheiro (m)	zapach (m)	['zapah]
cortar (flores)	ściąć	[ɕʧɔ̃ɪʧ]
colher (uma flor)	zerwać	['zɛrvaʧ]

146. Cereais, grãos

grão (m)	zboże (n)	['zbɔʒɛ]
cereais (plantas)	zboża (l.mn.)	['zbɔʒa]
espiga (f)	kłos (m)	[kwɔs]

trigo (m)	pszenica (ż)	[pʃɛ'niʦa]
centeio (m)	żyto (n)	['ʒitɔ]
aveia (f)	owies (m)	['ɔves]
painço (m)	proso (n)	['prɔsɔ]
cevada (f)	jęczmień (m)	['enʧmɛ̃]

milho (m)	kukurydza (ż)	[kuku'riʣa]
arroz (m)	ryż (m)	[riʃ]
trigo-sarraceno (m)	gryka (ż)	['grika]

ervilha (f)	groch (m)	[grɔh]
feijão (m) roxo	fasola (ż)	[fa'sɔʎa]
soja (f)	soja (ż)	['sɔja]
lentilha (f)	soczewica (ż)	[sɔʧɛ'viʦa]
feijão (m)	bób (m)	[bup]

PAÍSES. NACIONALIDADES

147. Europa Ocidental

Europa (f)	Europa (ż)	[ɛu'rɔpa]
União (f) Europeia	Unia (ż) Europejska	['uɲja ɛurɔ'pɛjska]
Áustria (f)	Austria (ż)	['austrʰja]
Grã-Bretanha (f)	Wielka Brytania (ż)	['veʎka bri'taɲja]
Inglaterra (f)	Anglia (ż)	['aɲʎja]
Bélgica (f)	Belgia (ż)	['bɛʎgʰja]
Alemanha (f)	Niemcy (l.mn.)	['nemtsi]
Países Baixos (m pl)	Niderlandy (l.mn.)	[nidɛr'ʎandi]
Holanda (f)	Holandia (ż)	[hɔ'ʎandʰja]
Grécia (f)	Grecja (ż)	['grɛtsʰja]
Dinamarca (f)	Dania (ż)	['daɲja]
Irlanda (f)	Irlandia (ż)	[ir'ʎandʰja]
Islândia (f)	Islandia (ż)	[is'ʎandʰja]
Espanha (f)	Hiszpania (ż)	[hiʃ'paɲja]
Itália (f)	Włochy (l.mn.)	['vwɔhi]
Chipre (m)	Cypr (m)	[tsipr]
Malta (f)	Malta (ż)	['maʎta]
Noruega (f)	Norwegia (ż)	[nɔr'vɛgʰja]
Portugal (m)	Portugalia (ż)	[pɔrtu'gaʎja]
Finlândia (f)	Finlandia (ż)	[fin'ʎandʰja]
França (f)	Francja (ż)	['frantsʰja]
Suécia (f)	Szwecja (ż)	['ʃfɛtsʰja]
Suíça (f)	Szwajcaria (ż)	[ʃfaj'tsarʰja]
Escócia (f)	Szkocja (ż)	['ʃkɔtsʰja]
Vaticano (m)	Watykan (m)	[va'tikan]
Liechtenstein (m)	Liechtenstein (m)	['lihtɛnʃtajn]
Luxemburgo (m)	Luksemburg (m)	['lyksɛmburk]
Mônaco (m)	Monako (n)	[mɔ'nakɔ]

148. Europa Central e de Leste

Albânia (f)	Albania (ż)	[aʎ'baɲja]
Bulgária (f)	Bułgaria (ż)	[buw'garʰja]
Hungria (f)	Węgry (l.mn.)	['vɛɲri]
Letônia (f)	Łotwa (ż)	['wɔtfa]
Lituânia (f)	Litwa (ż)	['litfa]
Polônia (f)	Polska (ż)	['pɔʎska]

Romênia (f)	Rumunia (ż)	[ruˈmuɲja]
Sérvia (f)	Serbia (ż)	[ˈsɛrbʰja]
Eslováquia (f)	Słowacja (ż)	[swɔˈvats ʰja]
Croácia (f)	Chorwacja (ż)	[hɔrˈvats ʰja]
República (f) Checa	Czechy (l.mn.)	[ˈtʂɛhi]
Estônia (f)	Estonia (ż)	[ɛsˈtɔɲja]
Bósnia e Herzegovina (f)	Bośnia i Hercegowina (ż)	[ˈbɔɕɲa i hɛrtsɛgɔˈvina]
Macedônia (f)	Macedonia (ż)	[matsɛˈdɔɲja]
Eslovênia (f)	Słowenia (ż)	[swɔˈvɛɲja]
Montenegro (m)	Czarnogóra (ż)	[tʂarnɔˈgura]

149. Países da ex-URSS

Azerbaijão (m)	Azerbejdżan (m)	[azɛrˈbɛjdʐan]
Armênia (f)	Armenia (ż)	[arˈmɛɲja]
Belarus	Białoruś (ż)	[bʲaˈworuɕ]
Geórgia (f)	Gruzja (ż)	[ˈgruzʰja]
Cazaquistão (m)	Kazachstan (m)	[kaˈzahstan]
Quirguistão (m)	Kirgizja (ż), Kirgistan (m)	[kirˈgizʰja], [kirˈgistan]
Moldávia (f)	Mołdawia (ż)	[mɔwˈdavʰja]
Rússia (f)	Rosja (ż)	[ˈrɔsʰja]
Ucrânia (f)	Ukraina (ż)	[ukraˈina]
Tajiquistão (m)	Tadżykistan (m)	[tadʐiˈkistan]
Turquemenistão (m)	Turkmenia (ż)	[turkˈmɛɲja]
Uzbequistão (f)	Uzbekistan (m)	[uzbɛˈkistan]

150. Asia

Ásia (f)	Azja (ż)	[ˈazʰja]
Vietnã (m)	Wietnam (m)	[ˈvʰetnam]
Índia (f)	Indie (l.mn.)	[ˈindʰe]
Israel (m)	Izrael (m)	[izˈraɛʎ]
China (f)	Chiny (l.mn.)	[ˈhini]
Líbano (m)	Liban (m)	[ˈliban]
Mongólia (f)	Mongolia (ż)	[mɔˈŋɔʎja]
Malásia (f)	Malezja (ż)	[maˈlezʰja]
Paquistão (m)	Pakistan (m)	[paˈkistan]
Arábia (f) Saudita	Arabia (ż) Saudyjska	[aˈrabʰja sauˈdijska]
Tailândia (f)	Tajlandia (ż)	[tajˈʎandʰja]
Taiwan (m)	Tajwan (m)	[ˈtajvan]
Turquia (f)	Turcja (ż)	[ˈturts ʰja]
Japão (m)	Japonia (ż)	[jaˈpɔɲja]
Afeganistão (m)	Afganistan (n)	[avgaˈnistan]
Bangladesh (m)	Bangladesz (m)	[baɲʎaˈdɛʃ]

Indonésia (f)	**Indonezja** (ż)	[indɔ'nɛzʰja]
Jordânia (f)	**Jordania** (ż)	[ɜr'daɲja]
Iraque (m)	**Irak** (m)	['irak]
Irã (m)	**Iran** (m)	['iran]
Camboja (f)	**Kambodża** (ż)	[kam'bɔdʒa]
Kuwait (m)	**Kuwejt** (m)	['kuvɛjt]
Laos (m)	**Laos** (m)	['ʎaɔs]
Birmânia (f)	**Mjanma** (ż)	['mjanma]
Nepal (m)	**Nepal** (m)	['nɛpaʎ]
Emirados Árabes Unidos	**Zjednoczone Emiraty Arabskie**	[zʰednɔt'ʃɔnɛ ɛmi'ratɨ a'rapske]
Síria (f)	**Syria** (ż)	['sɨrʰja]
Palestina (f)	**Autonomia** (ż) **Palestyńska**	[autɔ'nɔmʰja pales'tiɲska]
Coreia (f) do Sul	**Korea** (ż) **Południowa**	[kɔ'rɛa pɔwud'nɜva]
Coreia (f) do Norte	**Korea** (ż) **Północna**	[kɔ'rɛa puw'nɔtsna]

151. América do Norte

Estados Unidos da América	**Stany** (l.mn.) **Zjednoczone Ameryki**	['stanɨ zʰednɔt'ʃɔnɛ a'mɛriki]
Canadá (m)	**Kanada** (ż)	[ka'nada]
México (m)	**Meksyk** (m)	['mɛksɨk]

152. América Central do Sul

Argentina (f)	**Argentyna** (ż)	[argɛn'tina]
Brasil (m)	**Brazylia** (ż)	[bra'ziʎja]
Colômbia (f)	**Kolumbia** (ż)	[kɔ'lymbʰja]
Cuba (f)	**Kuba** (ż)	['kuba]
Chile (m)	**Chile** (n)	['ʧile]
Bolívia (f)	**Boliwia** (ż)	[bɔ'livʰja]
Venezuela (f)	**Wenezuela** (ż)	[vɛnɛzu'ɛʎa]
Paraguai (m)	**Paragwaj** (m)	[pa'ragvaj]
Peru (m)	**Peru** (n)	['pɛru]
Suriname (m)	**Surinam** (m)	[su'rinam]
Uruguai (m)	**Urugwaj** (m)	[u'rugvaj]
Equador (m)	**Ekwador** (m)	[ɛk'fadɔr]
Bahamas (f pl)	**Wyspy** (l.mn.) **Bahama**	['vɨspɨ ba'hama]
Haiti (m)	**Haiti** (n)	[ha'iti]
República Dominicana	**Dominikana** (ż)	[dɔmini'kana]
Panamá (m)	**Panama** (ż)	[pa'nama]
Jamaica (f)	**Jamajka** (ż)	[ja'majka]

153. Africa

Egito (m)	Egipt (m)	['ɛgipt]
Marrocos	Maroko (n)	[ma'rɔkɔ]
Tunísia (f)	Tunezja (ż)	[tu'nɛzʰja]
Gana (f)	Ghana (ż)	['gana]
Zanzibar (m)	Zanzibar (m)	[zan'zibar]
Quênia (f)	Kenia (ż)	['kɛɲja]
Líbia (f)	Libia (ż)	['libʰja]
Madagascar (m)	Madagaskar (m)	[mada'gaskar]
Namíbia (f)	Namibia (ż)	[na'mibʰja]
Senegal (m)	Senegal (m)	[sɛ'nɛgaʎ]
Tanzânia (f)	Tanzania (ż)	[tan'zaɲja]
África (f) do Sul	Afryka (ż) Południowa	['afrika pɔwud'nɜva]

154. Austrália. Oceania

Austrália (f)	Australia (ż)	[aust'raʎja]
Nova Zelândia (f)	Nowa Zelandia (ż)	['nɔva zɛ'ʎandʰja]
Tasmânia (f)	Tasmania (ż)	[tas'maɲja]
Polinésia (f) Francesa	Polinezja (ż) Francuska	[poli'nɛzʰja fran'ʦuska]

155. Cidades

Amesterdã, Amsterdã	Amsterdam (m)	[ams'tɛrdam]
Ancara	Ankara (ż)	[a'ŋkara]
Atenas	Ateny (l.mn.)	[a'tɛni]
Bagdade	Bagdad (m)	['bagdat]
Bancoque	Bangkok (m)	['baŋkɔk]
Barcelona	Barcelona (ż)	[barʦɛ'lɔna]
Beirute	Bejrut (m)	['bɛjrut]
Berlim	Berlin (m)	['bɛrlin]
Bonn	Bonn (n)	[bɔn]
Bordéus	Bordeaux (n)	[bɔr'dɔ]
Bratislava	Bratysława (ż)	[bratis'wava]
Bruxelas	Bruksela (ż)	[bruk'sɛʎa]
Bucareste	Bukareszt (m)	[bu'karɛʃt]
Budapeste	Budapeszt (m)	[bu'dapɛʃt]
Cairo	Kair (m)	['kair]
Calcutá	Kalkuta (ż)	[kaʎ'kuta]
Chicago	Chicago (n)	[ʧi'kagɔ]
Cidade do México	Meksyk (m)	['mɛksik]
Copenhague	Kopenhaga (ż)	[kɔpɛn'haga]
Dar es Salaam	Dar es Salam (m)	[dar ɛs 'saʎam]
Deli	Delhi (n)	['dɛli]

Dubai	Dubaj (n)	['dubaj]
Dublim	Dublin (m)	['dublin]
Düsseldorf	Düsseldorf (m)	['dysɛʎdɔrf]
Estocolmo	Sztokholm (m)	['ʃtɔkhɔʎm]

Florença	Florencja (ż)	[flɜ'rɛntsʰja]
Frankfurt	Frankfurt (m)	['fraŋkfurt]
Genebra	Genewa (ż)	[gɛ'nɛva]
Haia	Haga (ż)	['haga]
Hamburgo	Hamburg (m)	['hamburk]

Hanói	Hanoi (n)	['hanɔj]
Havana	Hawana (ż)	[ha'vana]
Helsinque	Helsinki (l.mn.)	[hɛʎ'siŋki]
Hiroshima	Hiroszima (ż)	[hiro'ʃima]
Hong Kong	Hongkong (m)	['hɔŋkɔŋk]
Istambul	Stambuł (m)	['stambuw]

Jerusalém	Jerozolima (ż)	[jerɔzɔ'lima]
Kiev, Quieve	Kijów (m)	['kijuf]
Kuala Lumpur	Kuala Lumpur (n)	[ku'aʎa 'lympur]
Lion	Lyon (m)	['ljɔn]
Lisboa	Lizbona (ż)	[liz'bɔna]

Londres	Londyn (m)	['lɔndin]
Los Angeles	Los Angeles (n)	['lɔs 'andʒɛles]
Madrid	Madryt (m)	['madrit]
Marselha	Marsylia (ż)	[mar'siʎja]
Miami	Miami (n)	[ma'jami]

Montreal	Montreal (m)	[mɔnt'rɛaʎ]
Moscou	Moskwa (ż)	['mɔskfa]
Mumbai	Bombaj (m)	['bɔmbaj]
Munique	Monachium (n)	[mɔ'nahʰjum]
Nairóbi	Nairobi (n)	[naj'rɔbi]
Nápoles	Neapol (m)	[nɛ'apɔʎ]

Nice	Nicea (ż)	[ni'tsɛa]
Nova York	Nowy Jork (m)	['nɔvɨ ɜrk]
Oslo	Oslo (n)	['ɔslɜ]
Ottawa	Ottawa (ż)	[ɔt'tava]
Paris	Paryż (m)	['pariʃ]

Pequim	Pekin (m)	['pɛkin]
Praga	Praga (ż)	['praga]
Rio de Janeiro	Rio de Janeiro (n)	['riɜ dɛ ʒa'nɛjrɔ]
Roma	Rzym (m)	[ʒɨm]
São Petersburgo	Sankt Petersburg (m)	[saŋkt pe'tɛrsburk]
Seul	Seul (m)	['sɛuʎ]

Singapura	Singapur (m)	[si'ŋapur]
Sydney	Sydney (n)	['sɨdni]
Taipé	Tajpej (m)	['tajpɛj]
Tóquio	Tokio (n)	['tɔkʰɜ]
Toronto	Toronto (n)	[tɔ'rɔntɔ]
Varsóvia	Warszawa (ż)	[var'ʃava]

Veneza	**Wenecja** (ż)	[vɛˈnɛʦʰja]
Viena	**Wiedeń** (m)	[ˈvedɛɲ]
Washington	**Waszyngton** (m)	[ˈvaʃiŋktɔn]
Xangai	**Szanghaj** (m)	[ˈʃaŋkhaj]

(